AF547411

Impressum

Baierbrunner Straße 27, 81379 München
Ausgabe 2024

Text: Dr. Heidi Schooltink
Illustration: Martina Lengers
Redaktion: Jennifer Döhring
Fachredaktion: Georg Döhring
Produktion: Ute Hausleiter
Abbildungen: siehe Bildnachweis S. 109
Titelabbildungen: shutterstock.com: U1: Kotenko Oleksandr (Schneemann), MP_P (Regenbogen), Fran Tolic (Blitz), PhotoJuli86 (Kind mit Gummistiefeln), Esfir se (Doodle-Sonne mit Wolke), Nadzin (Doodle-Blitz), SpicyTruffel (Doodle-Pfütze mit Tropfen), Pani Lena (Doodle-Schneeflocken); U4: Olga_Kuzmina (Kind mit Drache), Evgeny Atamanenko (Kind mit Regenschirm), Esfir se (Doodle-Wolke), Photos and vectors (Doodle-Sonne und -Regentropfen), Raura7 (Doodle-Regenschirm)
Layout und Umschlaggestaltung: Agentur Nemetz, Offingen

ISBN 978-3-8174-4584-4
381744584/1

Besuchen Sie uns auf Instagram und Facebook: circonverlag

www.circonverlag.de

Mein Buch übers WETTER

Sonne, Blitz und Regenbogen

Dr. Heidi Schooltink
Martina Lengers

circon

Inhaltsverzeichnis

VORWORT

Wenn du morgens aus dem Fenster schaust, sieht es draußen immer wieder anders aus. An manchen Tagen lacht die Sonne vom Himmel, an anderen Tagen gießt es dagegen wie aus Eimern oder es stürmt heftig. Im Sommer können wir baden gehen, im Winter einen Schneemann bauen. Das Wetter bringt viel Abwechslung in unser Leben! Es beeinflusst aber auch das Wachstum von Pflanzen und das Verhalten von Tieren.

Hast du dich schon mal gefragt, wie Wetter entsteht und warum es sich ständig ändert? Warum ist es bei uns im Winter kälter als im Sommer? Wie kommt es zu einem Gewitter? Und warum fallen im Winter Schneeflocken vom Himmel anstatt Regentropfen? Hier erfährst du alles über das Wetter vor deiner Haustür und in anderen Gegenden der Erde!

Ich begleite dich bei deinem Streifzug durch die spannende Welt des Wetters!

WETTER – WAS IST DAS EIGENTLICH?

WETTER – WAS IST DAS EIGENTLICH?

„Wie ist das Wetter heute?“ Wenn Erwachsene diese Frage stellen, wollen sie wissen, ob draußen die Sonne scheint oder der Himmel mit Wolken bedeckt ist. Auch Regenschauer und kräftige Windböen gehören zum Wetter. Das Wetter ändert sich manchmal sehr schnell. Besonders an heißen Sommertagen kann es passieren, dass uns plötzlich ein Gewitter überrascht.

Wo passiert Wetter?

Unsere Erde ist von einer Lufthülle umschlossen. Diese Lufthülle wird Atmosphäre genannt. Sie ist über 100 Kilometer dick. Für das Wetter ist nur die innerste Schicht, die Troposphäre, wichtig. Hier spielen sich alle Wettererscheinungen wie Wolken, Wind, Regen und Schnee ab. Diese Schicht ist an den Polen etwa acht Kilometer dick und am Äquator 18 Kilometer. Je nach Jahreszeit verändert sich die Dicke.

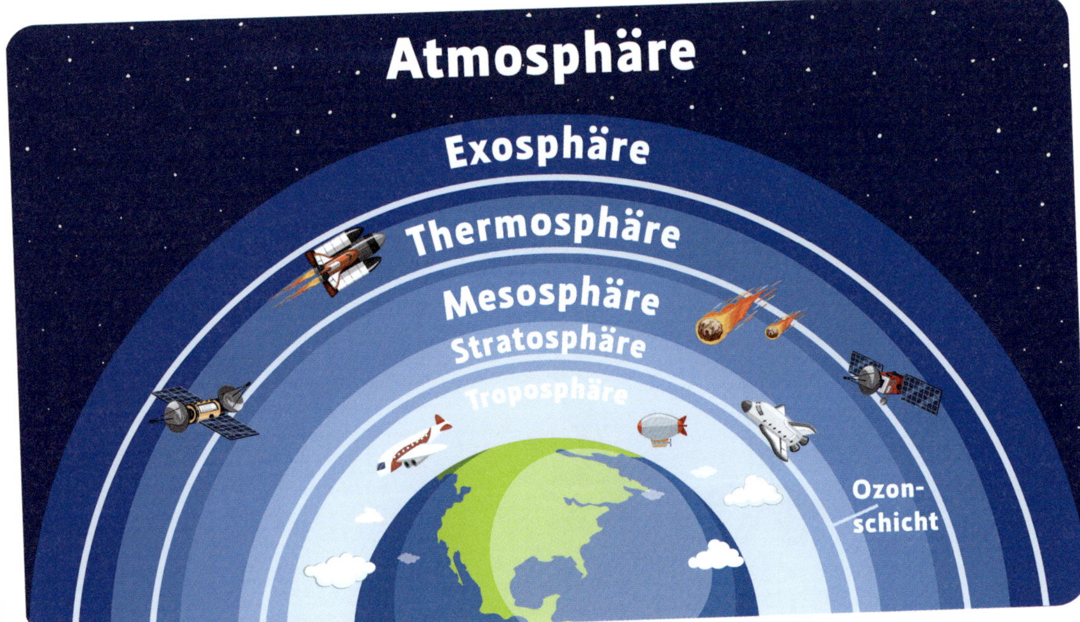

Was ist Luft?

Die Luft, die unseren Planeten umgibt, besteht aus verschiedenen Gasteilchen. Die Luft kannst du in der Regel nicht sehen, aber spüren, wenn dir ein kräftiger Wind ins Gesicht bläst. Zu den Gasteilchen in der Luft gehören Stickstoff, Sauerstoff, Kohlenstoffdioxid und gasförmiges Wasser. Den Sauerstoff brauchen Menschen und Tiere zum Atmen. Das Kohlenstoffdioxid ist wichtig, damit Pflanzen wachsen können. Wie das Kohlenstoffdioxid das Wetter beziehungsweise das Klima beeinflusst, kannst du im Kapitel „Klimawandel" nachlesen. Auch der Wasseranteil in der Luft ist für das Wetter von großer Bedeutung.

Luft, Wasser, Sonnenschein

Zwei grundlegende Dinge, die für unser Wetter wichtig sind, hast du bereits kennengelernt: Luft und Wasser. Jetzt fehlt nur noch Nummer drei, nämlich die Sonneneinstrahlung. Diese erwärmt die Luft. Dabei verändert sie auch den Luftdruck. Außerdem sorgt sie dafür, dass flüssiges Wasser zu gasförmigem Wasser wird. Diesen Vorgang nennen Wissenschaftler Verdunstung.

Schönes Wetter und schlechtes Wetter

Wenn wir von schönem Wetter sprechen, meinen wir strahlenden Sonnenschein ohne ein Wölkchen am Himmel. Bei schlechtem Wetter ist der Himmel dagegen mit dunklen Wolken bedeckt und es regnet stundenlang. Im Sommer wünschen wir uns warme Temperaturen, damit wir draußen im T-Shirt herumlaufen und baden gehen können. Im Winter dagegen freuen wir uns, wenn es schneit. Dann darf es ruhig kälter sein, damit der Schnee liegenbleibt und wir einen Schneemann bauen können.

Früher glaubten die Menschen, dass Göttervater Zeus die Blitze vom Himmel schleudert.

Wettergötter

Früher konnten sich Menschen das Wetter und seine Veränderungen nicht erklären. In vielen Kulturen wurden daher Wettergötter für Regen, Blitz und Wind verantwortlich gemacht. Im antiken Griechenland glaubten die Menschen, dass der Göttervater Zeus die Blitze vom Himmel schickt. Bei den Germanen war der Gott Thor Herr über Blitz und Donner. Im alten Ägypten gehörten der Sonnengott Ra und der Windgott Amun zu den wichtigsten Göttern.

Ohne Regen geht es nicht!

Obwohl wir Menschen lieber bei schönem Wetter nach draußen gehen, ohne Regen geht es nicht. Ohne Regen würden die Böden austrocknen und Pflanzen könnten nicht wachsen. Dann hätten Tiere und Menschen nichts zu essen. Regen füllt auch die Grundwasserspeicher im Boden auf. Dieses Wasser nutzen wir für unser Trinkwasser. Ohne Regen würde es kein Leben auf der Erde geben.

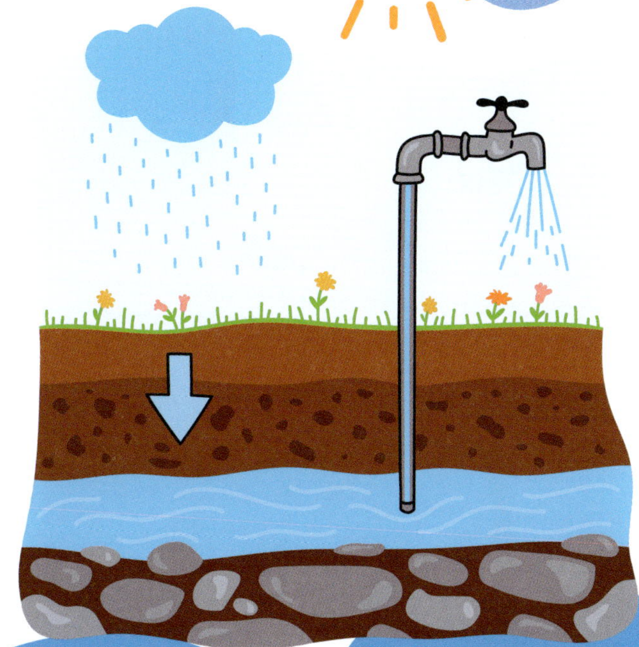

Frösche brauchen es feucht

Frösche sind Amphibien. Sie legen ihre Eier in Teichen ab, wo sich dann die Kaulquappen entwickeln. Kaulquappen atmen über Kiemen. Das heißt, sie nehmen den Sauerstoff direkt aus dem Wasser auf. Erwachsene Frösche leben an Land. Ihre Kiemen haben sich zurückgebildet. Sie sind dennoch auf Feuchtigkeit angewiesen. Frösche besitzen zwar eine Lunge, mit der sie atmen können. Die Hälfte des benötigten Sauerstoffs nehmen sie aber über die Haut auf. Wenn die Luft nicht genügend Feuchtigkeit enthält, trocknet die Haut aus, sodass sie diese Funktion nicht mehr erfüllen kann.

Die junge Kaulquappe lebt im Wasser.

Der erwachsene Frosch lebt an Land.

WAS BESTIMMT UNSER WETTER?

Wie entsteht
das Wetter?

WAS BESTIMMT UNSER WETTER?

Lufttemperatur

Mit dem Begriff Temperatur beschreiben wir Menschen, wie heiß oder kalt etwas ist. Auch die Luft, die uns umgibt, kann verschiedene Temperaturen haben. Im Winter ist die Luft bei uns deutlich kälter als im Sommer. Und wenn wir in den Sommerferien ans Mittelmeer fahren, ist es dort meist deutlich wärmer als bei uns zu Hause. Woher das kommt, erfährst du auf den nächsten Seiten.

Sonne als Wärmelieferant

Die Lufttemperatur wird überwiegend von der Sonneneinstrahlung bestimmt. Die Sonnenstrahlen aus dem Weltall treffen auf die Erde und werden dort als Wärme reflektiert. Das erklärt, warum es nachts, wenn keine Sonnenstrahlen auf die Erde fallen, kälter ist als am Tag. Wie stark die Sonne unsere Luft erhitzen kann, hängt davon ab, in welchem Winkel sie auf die Erde trifft. Die Faustregel lautet, dass je steiler der Winkel zwischen den Sonnenstrahlen und der angestrahlten Erdoberfläche ist, desto stärker wird die Luft erwärmt.

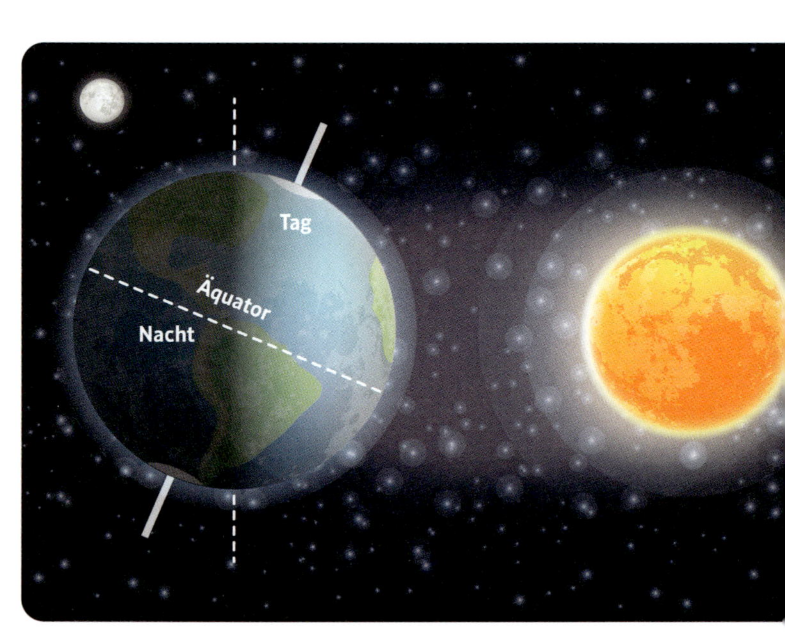

Hitze kommt von oben

Am Äquator trifft die Energie der Sonne mehr oder weniger senkrecht auf eine recht kleine Fläche und heizt den Boden daher gehörig auf. In den Regionen rund um den Nord- und Südpol erreichen die Sonnenstrahlen die Erdoberfläche in einem flacheren Winkel. Die Sonnenenergie verteilt sich daher auf ein wesentlich größeres Gebiet. Na logo, dass es da nicht so warm werden kann! Das gleiche Prinzip gilt auch bei den Jahreszeiten. Im Sommer steht die Sonne bei uns in Deutschland höher am Himmel, sodass die Sonnenstrahlen senkrechter auf die Erdoberfläche treffen. Daher ist es zu dieser Jahreszeit wärmer als im Winter.

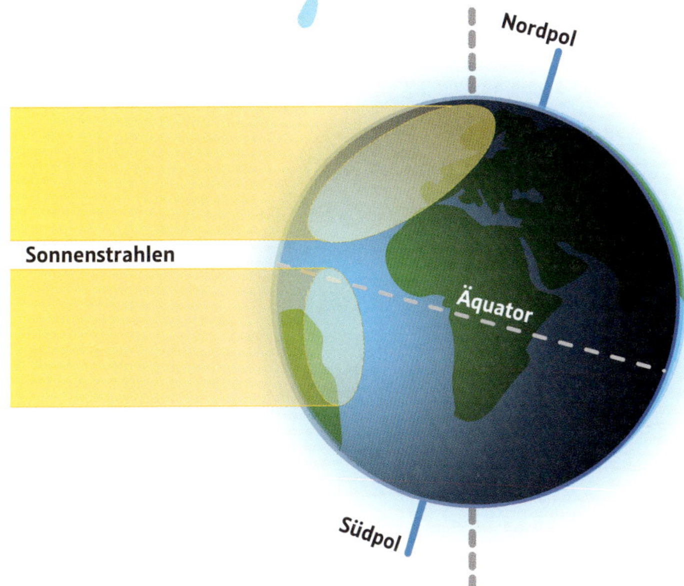

Experiment mit Licht

Mit einer Taschenlampe kannst du die unterschiedlichen Einstrahlwinkel der Sonne nachmachen. Wenn du die Taschenlampe senkrecht über dem Boden hältst, ist der Lichtpunkt klein und hell. Hältst du die Taschenlampe dagegen schräg, verteilt sich das Licht auf eine größere Fläche.

Temperaturskala

Lufttemperaturen werden in Deutschland in Grad Celsius angegeben. Bei Null Grad Celsius gefriert das flüssige Wasser und wird zu festem Eis. Bei 100 Grad Celsius wird aus dem flüssigen Wasser gasförmiger Wasserdampf. Diesen Vorgang heißt Verdunstung. Umgekehrt entsteht bei der Kondensation aus Wasserdampf durch Abkühlung flüssiges Wasser.

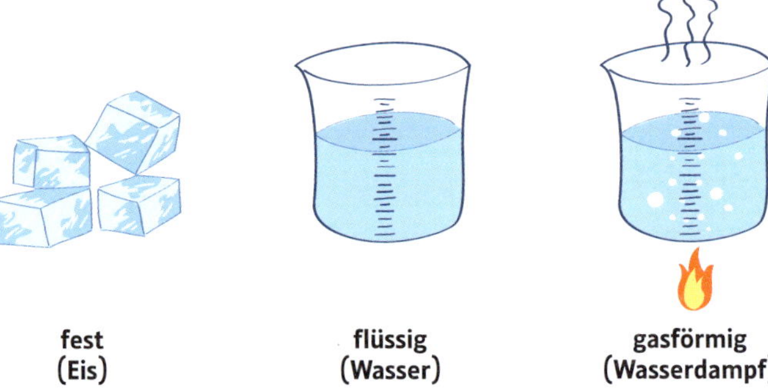

Wie werden Lufttemperaturen gemessen?

Für die Messung der Lufttemperatur nutzt der Deutsche Wetterdienst sogenannte Wetterhütten. Diese meist aus weißem Holz bestehenden Kästen sollen die Messgeräte vor Umwelteinflüssen schützen und konstante Messbedingungen garantieren. Die Messfühler der Thermometer befinden sich dabei immer zwei Meter über dem Boden. Ein gleichbleibender Abstand zum Boden ist wichtig, um die Werte vergleichen zu können. Gerade im Sommer unterscheiden sich die Temperaturen in Bodennähe und in zwei Meter Höhe erheblich.

Thermometer funktionieren, indem sie die Ausdehnung von Stoffen bei steigender Temperatur messen. Heute wird meist gefärbter Alkohol verwendet. Früher enthielten Thermometer giftiges Quecksilber.

Eine Messstation des Deutschen Wetterdienstes

Experiment: Gefühlte Temperatur

Wir Menschen können Temperaturen nicht so verlässlich wahrnehmen wie ein Thermometer. Wenn wir aus der heißen Sauna kommen, empfinden wir auch Temperaturen um 30 Grad Celsius angenehm kühl. Umgekehrt scheint uns nach einem Ausflug im Schnee schon der kühle Hausflur ziemlich warm. Das folgende einfache Experiment zeigt dir, wie du dich bei der Temperatur täuschen kannst.

Was du brauchst:

- drei Plastikschüsseln
- Wasser

So geht es:

1. Fülle in die erste Schüssel kaltes Wasser, in die zweite Schüssel lauwarmes Wasser und in die dritte Schüssel sehr warmes Wasser. Lass dir von einem Erwachsenen dabei helfen.
2. Halte nun die eine Hand für 30 Sekunden in die Schüssel mit kaltem Wasser und die andere Hand in die Schüssel mit warmem Wasser.
3. Halte beide Hände zeitgleich in die Schüssel mit lauwarmem Wasser.

Beobachtung:

Für die Hand, die zuerst in das kalte Wasser getaucht wurde, fühlt sich das lauwarme Wasser warm an. Die Hand, die du zunächst in das warme Wasser gehalten hast, empfindet das lauwarme Wasser dagegen als kalt.

Kalt, kälter, am kältesten

Im Winter sind bei uns in Deutschland Lufttemperaturen unter dem Gefrierpunkt keine Seltenheit. Der Kälterekord liegt bei minus 37,8 Grad Celsius. Er wurde 1929 in einem Ort in Oberbayern gemessen. Doch es geht noch deutlich kälter. Im Juli 1983 fiel das Thermometer in der Nähe der Forschungsstation Wostok in der Antarktis auf knapp minus 90 Grad Celsius. Dort wohnen aber keine Menschen, zumindest nicht das ganze Jahr über. Für bewohnte Gebiete beträgt der Kälterekord minus 67,8 Grad Celsius. Schon zweimal wurden solch niedrige Temperaturen gemessen. Einmal 1892 in Werchojansk und einmal 1933 in Oimjakon. Beide Orte liegen in Sibirien.

Hier wird bei -48 Grad Celsius ein Eimer Wasser in die Luft geschleudert. Das flüssige Wasser gefriert zu Eis, noch bevor es auf dem Boden ankommt.

Heiß, heißer, am heißesten

Am 25. Juli 2019 kletterte das Thermometer in einigen Städten in Nordrheinwestfalen auf 41,2 Grad Celsius. Das war die höchste jemals in Deutschland gemessene Lufttemperatur. Den weltweiten Hitzerekord hält eine Wüstengegend in Kalifornien. 1913 wurden im Death Valley 56,7 Grad Celsius gemessen. Die englische Bezeichnung „Death Valley“ lässt sich mit „Tal des Todes“ übersetzen. Hier kann es nicht nur unglaublich heiß werden. Death Valley zählt auch zu den trockensten Gebieten der Erde. Keine guten Bedingungen, um zu überleben.

Extrem trocken und extrem heiß: Death Valley in Kalifornien. Trotzdem schaffen es einige Tiere und Pflanzen, unter diesen Bedingungen zu überleben.

Eingebaute Temperaturregler

Die Körpertemperatur des Menschen liegt konstant bei etwa 37 Grad Celsius. Wird uns zu kalt, verengen sich unsere Blutgefäße, die in die Hände und Füße führen, um den Wärmeverlust zu verringern. Der Körper spart so die Wärme für überlebenswichtige Organe auf. Auch Zittern ist eine Reaktion des Körpers auf die Kälte. Die schnelle Muskelbewegung erzeugt Wärme. Wird uns dagegen zu warm, fangen wir an zu schwitzen. Der Schweiß auf unserer Haut verdunstet. Die dabei entstehende Kälte kühlt unseren Körper ab.

Genau wie Menschen können auch andere Säugetiere und Vögel ihre Körpertemperatur aktiv regulieren. Solche Tiere werden als gleichwarm bezeichnet.

Der Eisbär, das Reh und das Rotkehlchen gehören zu den gleichwarmen Tieren.

Wechselwarme Tiere

Wechselwarme Tiere können ihre Körpertemperatur nicht durch Energieerzeugung konstant halten. Wenn die Umgebungstemperatur absinkt, sinkt auch ihre Körpertemperatur. Zu den wechselwarmen Tieren zählen Reptilien, Amphibien und Insekten. Den Winter überstehen Eidechsen und Co. versteckt in Höhlen oder unter Laub in Kältestarre. Während dieser Zeit atmen sie nur langsam und fressen nicht. Wenn die Sonne scheint, findet ihr die Tiere häufig auf Steinen. Mit einem ausgiebigen Sonnenbad heizen sie ihren Körper auf. Das liefert ihnen die notwendige Energie, um flinke Insekten zu erbeuten.

Eidechsen und Schildkröten sind wechselwarme Tiere.

Luftdruck

In Wettervorhersagen wird häufig von Hoch- oder Tiefdruckgebieten gesprochen. Doch was ist Luftdruck überhaupt? Und wie beeinflusst er das Wetter?

Luftdruck, was ist das?

Der Luftdruck ist der Druck, den die Luftsäule der Atmosphäre auf eine bestimmte Fläche auf der Erde ausübt. Hört sich kompliziert an? Eigentlich ist es ganz einfach: Der Druck kommt durch die Schwerkraft der Erde zustande, die alle Gegenstände und Teilchen in Richtung Boden zieht. Auf jeden Quadratmeter der Erdoberfläche lasten etwa 10 Tonnen Luft. Das entspricht ungefähr dem Gewicht von zwei Elefanten! Vielleicht fragst du dich, warum wir Menschen von dem Gewicht nicht erdrückt werden. Die Erklärung lautet, dass die Zellen unseres Körpers dagegen drücken. Wir sind so an den Druck gewöhnt, dass wir ihn in der Regel überhaupt nicht spüren.

Die Schwerkraft zieht alle Gegenstände und Teilchen in Richtung Boden. Ohne die Schwerkraft würde alles frei herumschweben. Auch du und ich!

Pralle Reifen

Luftdruck nutzen wir Menschen beispielsweise beim Fahrrad- und Autofahren. Wir pumpen so viel Luft in die Reifen, bis ein Überdruck entsteht. Dadurch werden die Reifen fest und rollen prima über die Straßen.

Experiment: Luftdruck sichtbar machen

Im Alltag nehmen wir Menschen den Luftdruck in der Regel nicht wahr. Dass er dennoch da ist, zeigt dir dieses einfache Experiment.

Was du brauchst:

- ein durchsichtiges Glas
- ein Stück Pappe (etwas größer als die Glasöffnung)
- Wasser

So geht es:

1. Fülle das Glas randvoll mit Wasser.
2. Lege nun vorsichtig die Pappe auf die Glasöffnung. Achte darauf, dass sie gleichmäßig überall am Glasrand anliegt.
3. Drücke die Pappe mit einer Handfläche auf das Glas und drehe das Glas um.

Beobachtung:

Was denkst du, wird passieren, wenn du die Hand wegziehst? Vermutlich gehst du davon aus, dass das Wasser ausläuft. Doch das Wasser bleibt erstaunlicherweise in dem Glas. Wie ist das möglich? Ganz einfach: Der Luftdruck, der von unten gegen die Pappe drückt, ist stärker als der Druck von oben durch das Wasser. Mit der Zeit weicht die Pappe allerdings auf. Dann läuft das Wasser aus.

Der Luftdruck ist auf der Erde nicht überall gleich. Auf einem Berg ist der Luftdruck geringer, da die Luftsäule der Atmosphäre kürzer ist. Auf dem höchsten Berg der Erde, dem Mount Everest, beträgt der Luftdruck nur knapp ein Drittel des Drucks auf Meereshöhe.

Luftdruckveränderungen sind spürbar

Wie du gelernt hast, nehmen Menschen den Luftdruck in der Regel nicht wahr. Was wir aber spüren können, sind plötzliche Luftdruckveränderungen. Wenn du schon mal auf einen hohen Berg gefahren bist oder mit dem Flugzeug geflogen, kennst du das: Die Ohren fühlen sich an, als wären sie verstopft. Manchmal tun sie auch weh. Schuld daran sind die Luftdruckunterschiede in unterschiedlichen Höhen. Zwischen Außen- und Innenohr liegt das Trommelfell. In der Regel ist der Druck von außen und innen gleich groß. Bei plötzlichen Änderungen des Luftdrucks kann sich der Druck im Innenohr aber nicht schnell genug anpassen. Das spüren wir. Bei Ohrdruck hilft es, herzhaft zu gähnen, einen Schluck zu trinken oder Kaugummi zu kauen.

Bei Start und Landung mit dem Flugzeug kann die Veränderung des Luftdrucks in den Ohren wehtun. Einen Schluck trinken hilft!

Leichte, warme Luft und schwere, kalte Luft

Und was hat das Wetter mit dem Luftdruck zu tun? Der Luftdruck hängt nicht nur von der Höhe des Standortes ab, sondern auch von der Lufttemperatur und damit von der Sonneneinstrahlung. Wenn die Sonne die Luft erwärmt, bewegen sich die Gasteilchen in der Luft schneller. Dadurch wird der Abstand zwischen den Teilchen größer und die Luft wird leichter. Leichte, warme Luft steigt nach oben und der Luftdruck am Boden sinkt. In kalter Luft sind die Gasteilchen dagegen dichter gepackt, was die Luft schwerer macht. Schwere Luft sinkt nach unten und der Luftdruck am Boden nimmt zu.

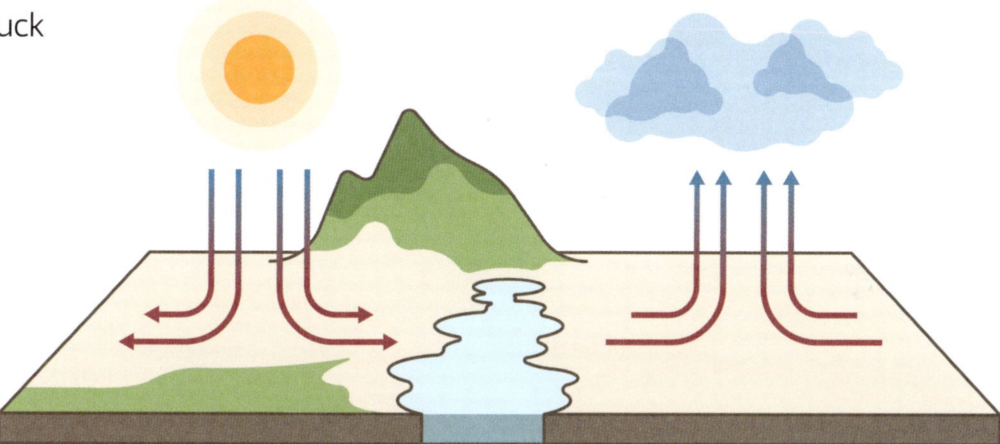

Hochdruckgebiete versus Tiefdruckgebiete

Auf der Erde können sich die Luftmassen über verschiedenen Gebieten je nach Sonneneinstrahlung und Untergrund unterschiedlich aufheizen. Dadurch entstehen sogenannte Hochdruckgebiete und Tiefdruckgebiete. In Hochdruckgebieten sinken kalte Luftmassen nach unten und erwärmen sich dabei. In der warmen Luft lösen sich die Wolken auf. Die Sonne scheint vom blauen Himmel. Tiefdruckgebiete stehen dagegen für schlechtes Wetter. Beim Aufsteigen der warmen Luft kühlt sie in der Höhe ab. Wolken entstehen und es kann regnen.

Ausgleich über Wind

Tief- und Hochdruckgebiete bleiben nicht auf ewig bestehen. Zum Ausgleich der Druckunterschiede strömt die Luft aus den Hochdruckgebieten in die Tiefdruckgebiete. Dabei setzen sich immense Luftmengen in Bewegung, die wir Menschen als Wind wahrnehmen.

Richtungswechsel zwischen Tag und Nacht

Wenn du im Urlaub tagsüber am Strand bist, weht der Wind häufig vom Meer in Richtung Strand. Das liegt daran, dass sich die Luft über dem Land stärker erwärmt als über dem Meer. Die warme Luft steigt nach oben, über dem Boden entsteht eine Tiefdruckzone und in höheren Luftschichten eine Hochdruckzone. Über dem Meer bleibt die Luft kühler. Direkt über der Wasseroberfläche herrscht daher Hochdruck und in höheren Luftschichten Tiefdruck. Durch den Druckausgleich pustet der Wind in den bodennahen Luftschichten vom Meer her. Übrigens, nachts kehrt sich der Kreislauf um. Die im Wasser gespeicherte Wärme erwärmt die Luft über dem Meer. Die Luft steigt nach oben. Um die entstehende Tiefdruckzone auszugleichen, bewegen sich die Luftmassen vom Land in Richtung Meer.

Azorenhoch und Islandtief

Bei uns in Deutschland wird das Wetter häufig von Hoch- und Tiefdruckgebieten bestimmt, die sich über dem Atlantischen Ozean bilden. Die Azoren sind eine kleine Inselgruppe knapp 1400 Kilometer vor der Küste des europäischen Festlands. Hier entstehen häufig die Hochdruckgebiete, die uns im Sommer blauen Himmel und warme Temperaturen bescheren. Dagegen bringt uns das sogenannte Islandtief Regen und Sturm.

Barometer

Barometer, mit denen der Luftdruck gemessen wird, können unterschiedlich aussehen. In unseren Wohnzimmern hängen meist Dosenbarometer. Im Inneren der Metalldosen befindet sich keine Luft. Daher wird der Deckel der Metalldosen durch den sich verändernden Luftdruck um die Dose herum mehr oder weniger stark eingedrückt. Diese Bewegung wird mechanisch auf einen Zeiger übertragen. Allerdings passiert das nicht automatisch. Um die Bewegung auszulösen, müssen wir von außen leicht gegen das Barometer klopfen. Auf einer Skala kann der Wert des Luftdrucks abgelesen werden. Prinzipiell gilt, wenn der Luftdruck sinkt, wird das Wetter eher schlechter. Bei einem sehr raschen Druckabfall ist mit heftigen Stürmen zu rechnen. Dagegen kündigt ein steigender Luftdruck in der Regel schönes Wetter an.

Wetterkarten voller Buchstaben und Linien

Auf den ersten Blick sehen Wetterkarten verwirrend aus. Was sollen all die Buchstaben und Linien bedeuten? Doch eigentlich ist das Lesen von Wetterkarten gar nicht schwer, wenn man einige Dinge weiß. Hochdruckgebiete werden in Wetterkarten mit dem Buchstaben H abgekürzt und Tiefdruckgebiete mit dem Buchstaben T. Die unregelmäßigen Linien um die Hoch- und Tiefdruckgebiete herum kennzeichnen Gebiete mit gleichem Luftdruck. Welcher Luftdruck in diesem Gebiet herrscht, ist meist angegeben. Um Tiefdruckgebiete herum nimmt der Luftdruck von innen nach außen zu. Bei Hochdruckgebieten ist es genau umgekehrt.

Wetterfronten

Die dicken geschwungenen Linien in den Wetterkarten sind Warmfronten und Kaltfronten. Diese Wetterfronten kommen durch sich unterschiedlich schnell bewegende warme und kalte Luftmassen zustande. An einer Kaltfront – dargestellt durch dicke blaue Linien mit Zacken – schiebt sich kalte und daher schwerere Luft unter warme, leichtere Luft. Bei einer Warmfront – gekennzeichnet durch dicke rote Linien mit Halbkreisen – gleitet dagegen die warme, leichtere Luft über die kalte, schwerere Luft. Wetterfronten sind immer mit Wetteränderungen verbunden. Zieht eine Kaltfront übers Land, müssen wir mit Schauer, Gewitter und stärkeren Winden rechnen.

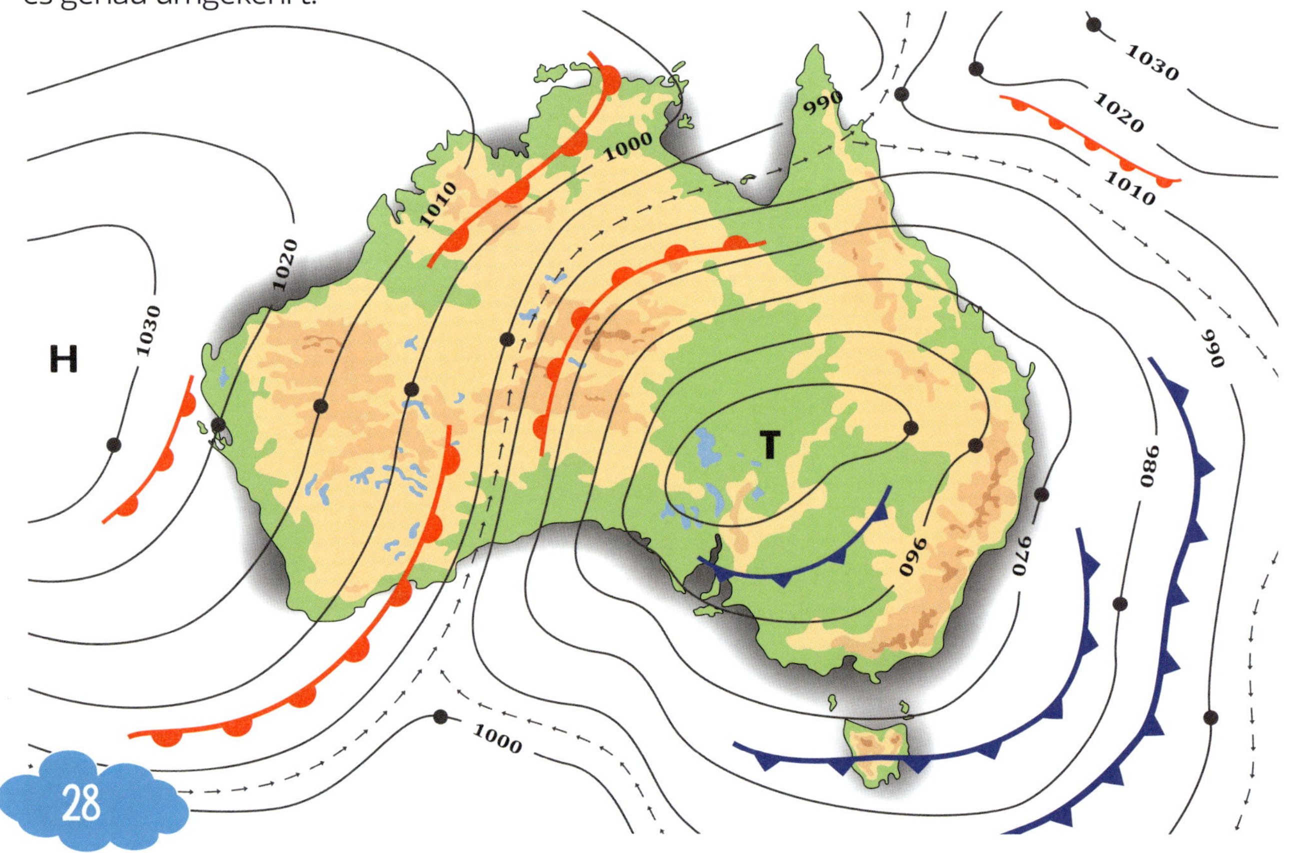

Christian, Simone und Co.

„Das Hoch Beate beschert uns in den kommenden Wochen warmes Sommerwetter.“ Solche oder ähnliche Sätze hast du bestimmt schon mal im Wetterbericht gehört. Doch was hat Beate mit dem Wetter zu tun? In Deutschland werden Hoch- und Tiefdruckgebiete mit Vornamen bezeichnet. Die Vergabe der Namen erfolgt nach dem Alphabet. Auf das Tief Anton folgt beispielsweise das Tief Ben und dann das Tief Christian. In geraden Jahren, wie 2024, erhalten Hochdruckgebiete männliche und Tiefdruckgebiete weibliche Vornamen. In ungeraden Jahren ist es genau umgekehrt. Jedes Jahr werden zwischen 130 und 150 Tiefdruckgebiete mit einem Namen versehen. Bei den meist länger dauernden Hochdruckgebieten sind es zwischen 50 und 60.

Hochdruckgebiet	Tiefdruckgebiet
Anton	Aaliyah
Ben	Beate
Christian	Clara
Dimitri	Daisy

Wetterpatenschaften

Bei der Namensvergabe können alle mitmachen. Gegen eine Spende kannst auch du einen Namen vorschlagen! Wie das geht, erfährst du auf der Internetseite „Aktion Wetterpate“. Vielleicht schaust du mal zusammen mit deinen Eltern rein. Übrigens sind die häufigeren und vielleicht auch weniger beliebten Tiefdruckgebiete deutlich billiger als Hochdruckgebiete.

Luftfeuchtigkeit

Die Luft der Atmosphäre enthält auch Wasserteilchen. Anders als in Flüssen und Seen ist das Wasser in der Luft aber nicht flüssig, sondern gasförmig. Bei einer hohen Luftfeuchtigkeit ist viel gasförmiger Wasserdampf in der Luft enthalten. Dieser Wasserdampf stammt hauptsächlich aus den Seen, Flüssen und Meeren. Immer wenn die Sonne auf Wasseroberflächen scheint, verdunstet ein Teil des flüssigen Wassers und wird zu Wasserdampf.

Auf die Temperatur kommt es an

Luft kann nur eine begrenzte Menge Wasserdampf aufnehmen. Wieviel das ist, hängt unter anderem von der Lufttemperatur ab. Als Faustregel gilt: Warme Luft kann mehr Wasserdampf aufnehmen als kalte Luft. Bei einer Luftfeuchtigkeit von 50 Prozent enthält die Luft etwa die Hälfte an Wasserdampf, die sie maximal aufnehmen kann. In der Atmosphäre bilden sich, wenn zu viel Wasserdampf in der Luft ist, Nebel. Der besteht wie die Wolken am Himmel aus winzigen Wassertröpfchen.

Hygrometer zur Bestimmung der Luftfeuchtigkeit enthalten auch heute noch häufig menschliche Haare. Haare quellen in feuchter Luft auf und ziehen sich bei Trockenheit wieder zusammen. Aus der Längenänderung lässt sich die Luftfeuchtigkeit ablesen.

Experiment mit Luftfeuchtigkeit

Dass warme Luft mehr Luftfeuchtigkeit enthält als kalte, kannst du ganz leicht beweisen. Dazu brauchst du nur ein Glas mit eiskaltem Wasser aus dem Kühlschrank. Stelle das Glas an einen warmen Ort. Wenn du nach einiger Zeit die Außenseite des Wasserglases mit der Hand berührst, wirst du feststellen, dass sich das Glas feucht anfühlt. Das kommt daher, dass sich die Luft in der Nähe des Wasserglases abkühlt und daher weniger Wasser aufnehmen kann. Das überschüssige Wasser schlägt sich als flüssiges Wasser an der Außenseite des Wasserglases nieder.

Beschlagene Scheiben

Im Winter zeigt sich besonders deutlich, dass kalte Luft weniger Wasser aufnehmen kann als warme Luft. Wenn es draußen friert und wir es drinnen in unseren Wohnungen schön warm haben, kühlt sich die Raumluft in der Nähe der kalten Fensterscheibe ab. Die Fensterscheiben beschlagen und es rinnen kleine Wassertröpfchen herunter. Auch Brillenträger kennen das Problem, wenn sie von draußen ins Warme kommen.

JAHRESZEITEN

JAHRESZEITEN

Jahreszeiten im Jahresverlauf

In Mitteleuropa teilen wir das Jahr in vier Jahreszeiten ein. Jede Jahreszeit dauert drei Monate. Zum Winter zählen der Dezember, Januar und Februar, zum Frühling der März, der April und der Mai. Sommer ist es im Juni, Juli und August. Der Herbst umfasst den September, Oktober und November. Diese meteorologische Einteilung der Jahreszeiten richtet sich nach dem Wetter. Die Sommermonate sind im Durchschnitt die wärmsten Monate. In den Wintermonaten ist es dagegen in der Regel am kältesten. Doch warum ist das so? Warum schneit es nicht auch mal im Juni? Und warum ist es im Winter bei uns viel zu kalt, um in Badehose oder im Bikini am Strand zu liegen? Um das zu verstehen, müssen wir uns den Sonnenstand zu den verschiedenen Jahreszeiten anschauen.

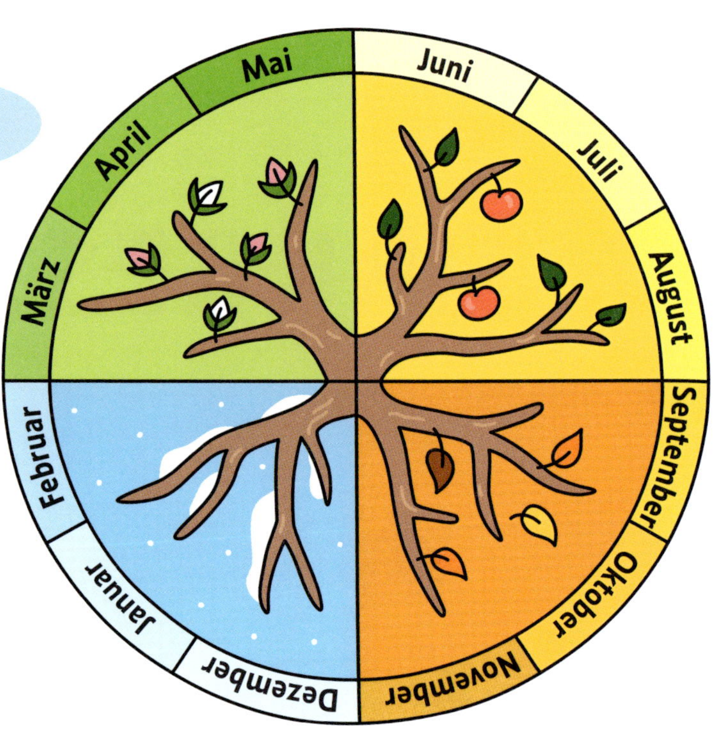

Im Sommer erscheinen die Tage viel länger als im Winter.

Kurze und lange Tage

Dir ist bestimmt schon mal aufgefallen, dass im Winter die Tage viel kürzer sind. Wenn du aufstehst, ist es oft noch nicht richtig hell und schon am Nachmittag wird es wieder dunkel. Die Sonne steht selbst zur Mittagszeit nicht weit oben am Himmel, sondern bleibt in der Nähe des Horizontes. Im Sommer ist es dagegen schon in den frühen Morgenstunden hell. Zur Mittagszeit brennt die Sonne fast senkrecht vom Himmel. Und am Abend kannst du noch lange draußen spielen, weil die Sonne erst spät untergeht.

Erde in Schieflage

Wie kommt es, dass die Sonne zu den verschiedenen Jahreszeiten unterschiedlich lange und stark scheint? Die Erde kreist ständig auf einer Umlaufbahn um die Sonne. Für eine Runde braucht sie 365 Tage oder ein Jahr. Die Erdachse, also die Linie zwischen Nord- und Südpol, steht dabei nicht genau senkrecht zu dieser Umlaufbahn, sondern ist leicht gekippt. Zusätzlich dreht sich die Erde auch noch um sich selbst. Dafür braucht sie 24 Stunden. Auf der Seite, die der Sonne zugewandt ist, ist dann Tag. Durch diese Drehungen scheint die Sonne im Jahresverlauf unterschiedlich lange und aufgrund des unterschiedlichen Einstrahlwinkels auch unterschiedlich stark auf einen bestimmten Ort auf der Erde. Im Sommer ist die Nordhalbkugel der Sonne zugeneigt, daher sind die Tage bei uns länger und die Sonneneinstrahlung ist intensiver. Im Winter, wenn die Nordhalbkugel von der Sonne wegkippt, werden die Tage kürzer und die Sonne hat weniger Kraft.

Verkehrte Welt

Auf der Südhalbkugel der Erde sind die Jahreszeiten genau umgekehrt. Wenn wir im Sommer in der Sonne liegen, herrscht im südlichen Australien, an der Spitze Südamerikas und im südlichen Afrika gerade Winter. Und Weihnachten liegt dort mitten im Sommer.

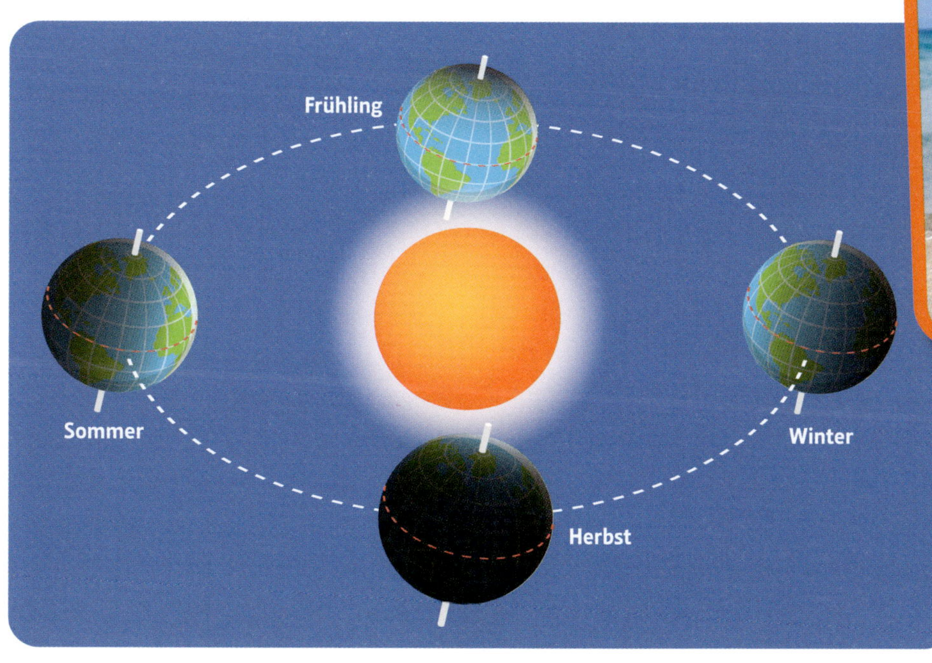

Frühling

Nach dem kalten Winter nehmen im März die Temperaturen bei uns langsam wieder zu. Die Tage werden länger. Die Sonne steht wieder höher am Himmel und hat daher auch wieder mehr Kraft. Auch die Natur erwacht jetzt aus ihrer Winterpause. In den Gärten und im Wald blühen die ersten Blumen. An den Laubbäumen zeigen sich wieder grüne Blätter. Tiere, die den Winter über verschlafen haben, erwachen, und Vögel, die den Winter in wärmeren Gebieten verbracht haben, kehren zurück.

Wenn die Weißstörche aus ihren Winterquartieren zurückkehren, beginnt der Frühling.

Der April macht, was er will!

Gerade hat noch die Sonne geschienen und jetzt gießt es wieder wie aus Eimern. Dazwischen gibt es kurze Gewitter, Schnee und Graupelschauer. Dieses wechselhafte Aprilwetter kennt jeder. Es kommt dadurch zustande, dass sich im Frühjahr kalte, feuchte Meeresluft aus dem Norden über dem Land erwärmt und nach oben steigt. Je höher die Luft kommt, desto kälter wird sie. In der kalten Luft kondensiert das gasförmige Wasser und kommt je nach Temperatur als Regen, Hagel oder Schnee wieder herunter. Diese Schauer sind oft nur auf kleine Gebiete begrenzt. In der Umgebung der Schauer sinkt die nachströmende Luft ab und erwärmt sich. Die Wolken lösen sich auf und die Sonne scheint wieder.

Frühlingsgefühle

Das zunehmende Sonnenlicht wirkt sich auch auf unsere Stimmung aus, da es die Bildung von Hormonen in unserem Körper beeinflusst. Im Frühling produzieren wir mehr von den Hormonen, die uns glücklich und unternehmenslustiger machen. Angeblich sollen wir uns im Frühling auch leichter verlieben. Dafür gibt es aber keine Beweise.

Eisheilige

Das Wetter war für Bauern immer schon von besonderer Bedeutung. Kein Wunder, denn ihre Ernte ist davon abhängig. Aus Beobachtungen der Bauern haben sich sogenannte Bauernregeln entwickelt. Eine davon beruht auf der Erfahrung, dass es auch Mitte Mai trotz warmer Tage in der Nacht noch frieren kann. Damit die jungen Pflanzen auf dem Feld keinen Schaden nehmen, soll die Saat erst nach den Namenstagen der Eisheiligen auf den Feldern ausgebracht werden. In Süddeutschland zählen Marmertus, Pankratius, Servatius, Bonifatius, deren Namenstag am 12., 13. und 14. Mai gefeiert werden, zu den Eisheiligen. In Norddeutschland kommt noch Sophia von Rom dazu. Der Namenstag der „Kalten Sophie“ ist am 15. Mai.

Für die Bauern ist es eine Katastrophe, wenn die jungen Pflanzen durch Frost Schaden davontragen.

Im Sommer ist es in Mitteleuropa am heißesten. Am Nachmittag steigen die Temperaturen häufig auf über 30 Grad Celsius. Um sich abzukühlen, hilft häufig nur ein Sprung ins kühle Nass. Solche Hitze macht nicht nur uns Menschen, sondern auch der Natur zu schaffen. Wenn es im Hochsommer zu lange nicht regnet, verdorren die Pflanzen auf den Wiesen. Viele Tiere suchen sich zur Mittagszeit ein schattiges Plätzchen und verlegen ihre Futtersuche auf die frühen Morgen- oder späten Abendstunden.

Auch Haustiere wie Hunde und Katzen legen sich während der Mittagshitze lieber in den Schatten.

Eis bei Hitze? Eine schlechte Idee!

Wenn es draußen so richtig heiß ist, steigt unsere Lust auf ein leckeres Eis beim Italiener oder auf ein kühles Erfrischungsgetränk. Zudem glauben viele Menschen, dass sie, wenn sie etwas Kaltes essen oder trinken, ihre Körpertemperatur senken können. Doch leider ist das Gegenteil der Fall. Bevor das kalte Zeug verdaut werden kann, muss es erst einmal auf Körpertemperatur, das heißt auf 37 Grad Celsius, gebracht werden. Und das bedeutet Arbeit für den Körper, bei dem zusätzliche Wärme entsteht. Natürlich ist es wichtig, an heißen Tagen genug zu trinken. Doch statt eiskalt sollten die Getränke eher lauwarm sein.

Der Trick der Mexikaner, auch bei hohen Temperaturen ein scharfes Chili zu essen, ist da schon besser. Das im Chili enthaltende Capsaicin bringt uns zum Schwitzen, ohne dass unsere Körpertemperatur steigt. Der Schweiß auf der Haut kühlt dann den Körper ab.

Zeit des Wachstums

Der viele Sonnenschein im Sommer lässt Pflanzen wachsen. Die Wiesen sind von bunten Blumen bedeckt. Auf den Feldern reifen Getreide und Kartoffeln und im Garten können wir von Erdbeeren und Kirschen naschen. Auch Tiere, die sich von Pflanzen ernähren, finden jetzt genug zu fressen. Deshalb nutzen sie die warme Sommerzeit, um ihre Jungen großzuziehen.

Im Sommer blühen die Wiesen und auf den Feldern reift das Getreide.

Sommersonnen-wende

Am 21. Juni ist es auf der Nordhalbkugel der Erde am längsten hell. Die Sonne geht schon früh am Morgen auf und versinkt erst spätabends hinter dem Horizont. Dieser Tag wird Sommersonnenwende genannt. Schon seit vielen Jahrhunderten feiern die Menschen diesen besonderen Tag. Häufig zünden sie große Feuer an. Früher glaubten die Menschen, dass das Sonnwendfeuer böse Geister vertreibt. Zudem baten sie mit dem Feuer um eine gute Ernte.

In den skandinavischen Ländern feiern die Menschen auch heute noch am 21. Juni das Mittsommerfest.

Herbst

Im Herbst wird es bei uns in Mitteleuropa langsam wieder kälter. Die Natur bereitet sich auf den kommenden Winter vor. Die Blätter an den Bäumen verfärben sich braun und fallen ab. Auch die Tiere sind emsig dabei, sich auf die kalte Jahreszeit einzustellen, in der sie bei Eis und Schnee weniger zu fressen finden. Eichhörnchen und Mäuse sammeln Nüsse und Samen aus Zapfen, um sich einen Wintervorrat anzulegen. Andere Tiere, wie der Igel oder das Murmeltier, die den frostigen Winter verschlafen, fressen sich im Herbst ordentlich Winterspeck an.

Das Eichhörnchen sammelt Nüsse, um sich einen Wintervorrat anzulegen.

Herbststürme und Herbstnebel

Im Herbst pustet oft stürmischer Wind das trockene Laub durch die Straßen. Das kommt daher, dass sich bei uns die Luft deutlich schneller abkühlt als in den südlichen Regionen Europas. Die entstehenden Luftdruckunterschiede werden durch Wind ausgeglichen. An windstillen Herbsttagen versinkt dagegen die Landschaft häufig in Nebel. Das passiert immer dann, wenn die Luftschichten kurz über dem Boden in den Nächten stark auskühlen und das in der Luft enthaltene Wasser kondensiert. Reicht die Sonnenkraft am Tag nicht mehr aus, die Luft ausreichend zu erwärmen, verdunstet das Wasser nicht und der Nebel bleibt uns den ganzen Tag erhalten.

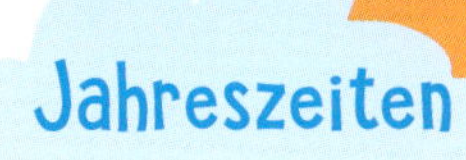

Basteln: Fliegende Fische

Der windige Herbst eignet sich prima, um Drachen fliegen zu lassen. Aber auch fliegende Fische freuen sich über eine steife Brise im Garten oder auf dem Balkon.

Was du brauchst:

- zwei Klorollen und einen Holzstock
- Zwirn oder dünne Schnur (30 cm)
- Seidenpapier (verschiedene Farben)
- Filzstift, Klebestift, Nadel und Schere

So geht es:

1. Bohre in der Nähe der Klorollenöffnung je zwei Löcher mit der Nadel. Lass dir von einem Erwachsenen dabei helfen.
2. Fädele die Schnur von innen durch ein Loch nach außen und durch das benachbarte Loch wieder nach außen. Wiederhole den Vorgang mit der gleichen Schnur auf der anderen Seite. Die beiden Enden der Schnur sollten noch etwa 10 bis 15 Zentimeter lang sein.
3. Schneide aus dem Seidenpapier Halbkreise aus und klebe sie wie Schuppen übereinanderliegend fest. Male vorne auf einem Seidenpapierkreis ein Auge. Klebe am hinteren Ende der Klorolle einige Seidenpapierstreifen fest.
4. Knote deinen Fisch mit den Schnurenden an dem Holzstock fest.
5. Wiederhole den Vorgang und bastle einen zweiten Fisch.

Im Balkonkasten oder im Garten können deine Fische nun im Wind fliegen.

Winter

Im Winter ist es meist kalt und nass, sodass wir am liebsten zu Hause bleiben. Auch wenn die Sonne scheint, reicht ihre Kraft nicht aus, die Luftschicht über der Erde auf angenehme Temperaturen zu erwärmen. An wolkenlosen Tagen ist es meist sogar noch kälter, da das bisschen Wärme ungehindert ins Weltall entweichen kann. Auch in der Natur herrscht jetzt Winterpause. Die Laubbäume tragen keine Blätter mehr. Viele Tiere sind deutlich weniger aktiv und verkriechen sich. Einige verschlafen sogar die gesamte kalte Jahreszeit.

Der Siebenschläfer rollt sich in einer Erdhöhle ein und verschläft so die kalte Jahreszeit.

Keine Lust auf Winter

Viele Vögel, die bei uns den Sommer verbringen, fliegen in der kalten Jahreszeit in den Süden. Zu diesen Zugvögeln gehören Störche, Schwalben, Nachtigallen und der Kuckuck. Dabei legen sie oft viele Tausend Kilometer zurück. Die lange Reise lohnt sich, weil die Vögel bei uns im Winter zu wenig zu fressen finden. Aber auch in ihren Winterquartieren im Süden reicht das Futter nicht für das ganze Jahr. Daher kommen die Zugvögel jedes Jahr im Frühjahr wieder zurück.

In riesigen Schwärmen fliegen die Vögel gemeinsam in den Süden.

Frauen haben etwa 10 Prozent weniger Muskeln in ihrem Körper als Männer. Da Muskeln mehr Energie verbrennen, produzieren sie auch mehr Wärme. Kein Wunder, dass Frauen meist schneller frieren als Männer.

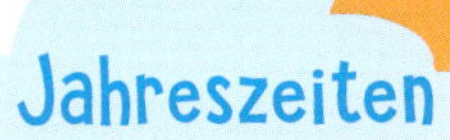

Weiße Weihnacht?

Alle Jahre wieder stellen wir uns spätestens ab Anfang Dezember die Frage, ob an Heiligabend Schnee liegen wird. In weiten Teilen Deutschlands stehen die Chancen für eine „Weiße Weihnacht" leider schlecht. Meist ist es viel zu warm und es herrscht Schmuddelwetter mit Regen. Im Flachland und an den Küsten ist statistisch nur etwa alle acht Jahre mit Schneefall an Weihnachten zu rechnen, in den Mittelgebirgen etwa alle fünf Jahre. Nur wenn du in einem Ort wohnst, der mindestens 900 Meter über dem Meeresspiegel liegt, kannst du mit einiger Sicherheit jede Weihnachten einen Schneemann bauen.

Eisige Gewässer

Wenn es bei uns klirrend kalt ist, bildet sich auf den Teichen und Seen eine Eisdecke. Wie können das die Fische überleben? Keine Sorge. Die Gewässer frieren immer von oben nach unten zu. Das heißt unter der Eisdecke bleibt noch genügend flüssiges Wasser für die Fische übrig. Allerdings sind nur in Gewässern mit einer Tiefe von mindestens 80 Zentimetern die unteren Wasserschichten garantiert frostfrei.

WETTER-ERSCHEINUNGEN

Weißt du, wie Schneeflocken entstehen? Oder ein Regenbogen? Und warum es manchmal am Himmel blitzt?

WETTER-ERSCHEINUNGEN

Wind

Neben Sonnenschein und Regen gehört auch Wind zum Wetter. An manchen Tagen, wenn du aus der Haustür heraustrittst, merkst du die Luft der Atmosphäre kaum. Es ist windstill. An anderen Tagen pustet dir eine heftige Brise entgegen. Die Luft ist in Bewegung.

Woher weht der Wind?

Die Luft bewegt sich immer von Gebieten mit hohem Luftdruck in Richtung von Gebieten mit niedrigem Luftdruck. Wir Menschen bezeichnen mit der Windrichtung immer den Ort, woher der Wind kommt und nicht, wohin er weht. Wenn wir beispielsweise von Nordwind sprechen, meinen wir den Wind, der von Norden in Richtung Süden bläst.

Westwind

In Deutschland kommt der Wind meist aus dem Westen. Europa liegt auf der Grenze zwischen zwei Klimazonen, die die Erde wie Gürtel umspannen. In den südlich gelegenen Subtropen sind Hochdruck-Wetterlagen häufiger, deshalb ist es am Mittelmeer trockener und wärmer als bei uns. In der nördlicheren gemäßigten Klimazone kommen dagegen Tiefdruck-Wetterlagen öfter vor. Hier ist es viel kälter. Danach müsste der Wind eigentlich meist aus dem Süden wehen. Doch hier kommt die Erdrotation ins Spiel: Innerhalb von 24 Stunden dreht sich die Erde einmal um sich selbst. Durch diese Drehung werden die aus dem Süden kommenden Luftmassen in Richtung Osten abgelenkt. Daher herrscht Westwind.

Wetterseite

Im Wald lässt sich die Hauptwindrichtung oft ganz einfach erkennen. An der sogenannten Wetterseite sind die Stämme der Bäume häufig grün. Das kommt daher, dass der Wind den Regen gegen den Stamm drückt. Auf dem feuchten Untergrund können dann Moose und Flechten wachsen.

Wenn du wissen willst, aus welcher Richtung der Wind kommt, kannst du einfach deinen Finger abschlecken und ihn in die Luft halten. Wenn der Wind auf den feuchten Finger trifft, fühlt es sich kühl an.

Vorsicht Seitenwind!

Bist du schon mal mit deinen Eltern mit dem Auto in den Urlaub gefahren? Dann sind dir vielleicht auch die Masten mit den weiß-rot geringelten Stoffschläuchen an den Autobahnbrücken aufgefallen. Das sind Windsäcke, mit denen sich die Windrichtung und Windstärke einfach und schnell bestimmen lässt. Sie stehen überall da, wo Autofahrer vor Seitenwinden gewarnt werden sollen, die sie aus der Spur bringen könnten.

Windstärke

Als Faustregel gilt: Je höher die Luftdruckunterschiede zwischen den Hoch- und Tiefdruckgebieten sind, desto stärker bläst der Wind.

Wie stark weht der Wind?

Schon früh haben Menschen versucht, anhand der Bewegung des Meeres oder der Blätter an den Bäumen die Stärke des Windes zu beschreiben. Der bekannteste unter ihnen war Francis Beaufort (1774 bis 1857), der als Wissenschaftler für die Marine des englischen Königsreichs arbeitete. Noch heute nutzen wir die nach ihm benannte Beaufort-Skala (sprich: Bofor-Skala).

Von 0 bis 12

Bei Windstärke 0 auf der Beaufort-Skala herrscht Windstille, das Meer ist spiegelglatt und der Rauch aus Schornsteinen steigt gerade empor. Windstärke 4 entspricht einem mäßigen Wind. Auf dem Meer sieht man kleine Wellen mit Schaumköpfen, an Land bewegen sich dünne Zweige in den Bäumen. Bei Windstärke 8 herrscht Sturm. Auf dem Meer türmen sich hohe Wellenberge auf und an Land schwanken die Bäume im Wind. Bei Windstärke 12 sprechen wir von einem Orkan. Orkanböen können an Land Dächer abdecken. Bei einem Orkan ist das ganze Meer weiß und die Seeleute können nichts mehr sehen, weil die Luft mit Gischt gefüllt ist. Die riesigen Wellenberge können Schiffe kentern lassen. Die meisten Schiffe bleiben daher bei Windstärken ab 8 im Hafen.

Windstärke 4

Windstärke 12

Windstärke 8

Steife Brise am Meer

In küstennahen Regionen weht es meist deutlich stärker als in Gebieten, die weit entfernt vom Meer liegen. Wie kommt das? Ganz einfach. Das Meer mit seiner glatten Oberfläche bietet dem Wind weniger Widerstand als eine Landschaft mit Hügeln und Wäldern. Das ist wie beim Fahrradfahren, auf einem geteerten Fahrradweg kommst du schneller voran als auf einer Schotterpiste.

Wind gestaltet Landschaften

Hindernisse, wie hohe Berge, können den Wind ablenken. Im Laufe vieler Jahrhunderte verändert Wind auch die Landschaft. Wind kann Sand und kleine Steine vom Boden abtragen und an einen anderen Ort wehen. Diesen Vorgang nennen wir Erosion. Das passiert besonders leicht, wenn auf dem Boden keine Pflanzen wachsen, deren Wurzeln den Sand und die Steine festhalten. Wind kann sogar ganze Sandberge in Bewegung versetzen. In der Sahara legen Wanderdünen je nach Größe bis zu 100 Meter pro Jahr zurück. Dabei gilt: Kleine Dünen wandern schneller als große.

Wanderdünen in der Sahara

Windstärkemesser selbst bauen

Mit dieser einfachen Anleitung kannst du einen eigenen Windmesser für den Garten oder Balkon bauen.

Das brauchst du:

- drei kleine Joghurtbecher mit breitem Rand (am besten malst du sie in unterschiedlichen Farben an)
- ein Gefäß mit einer breiten Öffnung (Konservendose, Marmeladenglas)
- eine runde Schwammscheibe (diese kannst du aus einem rechteckigen Schwamm ausschneiden)
- einen Trinkhalm aus Papier oder eine lange röhrenförmige Nudel
- einen Schaschlikspieß
- Kies oder Sand
- Schere
- Bastelkleber

So geht es:

1. Schneide die Schwammscheibe an drei Seiten in gleichem Abstand ein. Lass dir von einem Erwachsenen dabei helfen.
2. Stecke die Joghurtbecher mit ihrem Rand in die Lücken hinein. Fixiere die Becher mit etwas Bastelkleber.

3. Steche deinen Schaschlikspieß in die Mitte des Schwammes und fixiere ihn mit Bastelkleber.
4. Fülle das Gefäß rundherum mit Kies oder Sand auf und stecke den Trinkhalm möglichst gerade in die Mitte deines Gefäßes.
5. Stecke den Schaschlikspieß mit den Joghurtbechern oben in den Strohhalm. Wichtig ist, dass der Trinkhalm den Schwamm nicht berührt. Wenn er zu lang ist, kannst du ihn mit der Schere kürzen.
6. Stelle deinen Windmesser auf den Balkon oder in den Garten und warte, bis Wind kommt.

Beobachtung:

Je stärker der Wind pustet, desto schneller dreht sich dein Windmesser. Wenn du deine Joghurtbecher in unterschiedlichen Farben angemalt hast, kannst du das gut sehen. Zähle an verschiedenen Tagen, wie viele Umdrehungen dein Windmesser in einer Minute schafft. Du kannst auch dagegen pusten und schauen, wie viel Wind du produzierst.

Tropische Wirbelstürme

Bei einem Tropischen Wirbelsturm dreht sich die Luft um einen Mittelpunkt herum. In diesem sogenannten Auge des Sturmes ist es nahezu windstill. Tropische Wirbelstürme entstehen, wenn große Wassermengen über dem warmen Meer verdunsten und mit der Luft aufsteigen. Durch die Erdrotation werden die Luftmassen abgelenkt und fangen an, sich zu drehen. Auf der Nordhalbkugel drehen sich Tropische Wirbelstürme immer entgegen dem Uhrzeigersinn und auf der Südhalbkugel mit dem Uhrzeigersinn. Treffen solche Wirbelstürme auf Land, können sie großen Schaden anrichten. Je nach dem Meer, über dem die Stürme entstehen, werden sie Hurrikan, Taifun oder Zyklon genannt.

Tornados

Tornados oder Windhosen bilden sich dagegen über flachem Land. Bei starken Gewittern können die unterschiedlichen Windrichtungen die Luft in Drehung versetzen. Ausgehend von der Gewitterwolke entsteht dann ein Wirbel. Wenn dieser Wirbel die Erde erreicht, kann er Bäume entwurzeln oder Häuser zerstören. In den großen Ebenen in der Mitte der USA kommen Twister, wie die Menschen die Wirbelstürme dort nennen, besonders häufig vor. Diese Gegend wird daher auch Tornado Alley (Tornado-Allee) genannt.

Tornados sind meist weniger als einen Kilometer breit. Tropische Wirbelstürme haben dagegen häufig einen Durchmesser von mehreren Hundert Kilometern.

Schnell, schneller, am schnellsten

Der Geschwindigkeitsrekord für Orkanböen liegt in Deutschland bei 335 Stundenkilometern. Diese extreme Windgeschwindigkeit wurde 1985 auf der Zugspitze gemessen. Doch es geht noch schneller: 1996 traten während eines Zyklons in Australien Windgeschwindigkeiten von knapp über 400 Stundenkilometern auf! Am schnellsten war jedoch mit knapp 500 Stundenkilometern der Wind in einem Tornado, der 1999 über Oklahoma in den USA hinwegfegte.

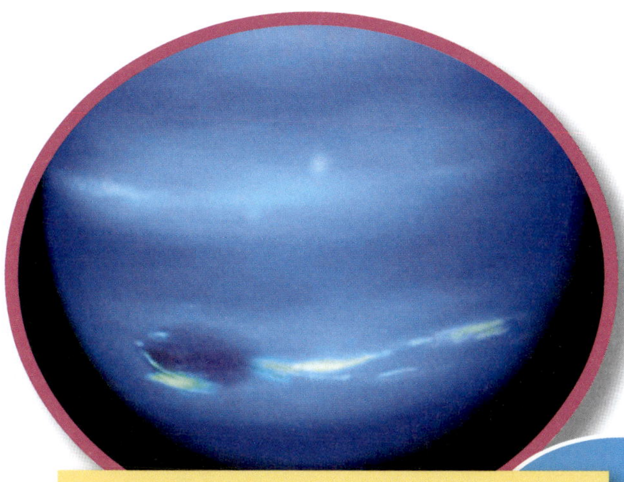

Der dunkle Fleck auf der Satellitenaufnahme vom Neptun ist ein Sturm.

Tornados sind so stark, dass sie Häuser zerstören und Autos durch die Gegend schleudern können.

Stürmischer Neptun

Stürme kommen auf allen Planeten unseres Sonnensystems vor. Nur der Merkur hat keine Atmosphäre, sodass kein Wind entstehen kann. Spitzenreiter bei den Windgeschwindigkeiten ist übrigens der Neptun. Die Raumsonde Voyager 2 flog 1989 an dem Planeten vorbei. Dabei konnte sie Stürme von bis zu 2060 Stundenkilometern messen!

Immer Gegenwind?

Beim Fahrradfahren kann Wind ganz schön nervig sein. Nämlich dann, wenn er aus der falschen Richtung kommt und dir entgegenpustet. Bei Rückenwind kommst du deutlich schneller vorwärts. Vielleicht hast du das Gefühl, dass dir beim Fahrradfahren selbst bei Windstille der Wind ins Gesicht pustet. Dieser Fahrtwind entsteht jedoch nicht dadurch, dass sich die Luftmassen um dich herum bewegen, sondern durch deine eigene Bewegung.

Der Wind bläst in die Segel und bewegt dadurch das Schiff.

Mit Windkraft zu neuen Ufern

Menschen nutzen seit Jahrtausenden Wind, um sich fortzubewegen. Im alten Ägypten transportierten sie Waren mit Booten auf dem Nil. Dazu waren die Boote mit rechteckigen Segeln ausgestattet. Kam der Wind aus der falschen Richtung, musste gerudert werden. Auch die Wikinger nutzten für ihre Raubzüge oder Handelsfahrten Segelschiffe. Von Nordeuropa reisten sie bis in die Mittelmeerregion und nach Nordamerika.

Mit dem Wind

Christoph Kolumbus wollte mit seiner Segelreise eigentlich einen Seeweg nach Indien finden. Von Europa aus nach Westen zu segeln war jedoch schwierig, da den Seeleuten oft Westwind entgegenblies. Kolumbus hatte aber erkannt, dass weiter südlich der Wind meist aus östlicher Richtung kommt. Diese Passatwinde nutzen auch heute noch Segler, um den Atlantik zu überqueren. Christoph Kolumbus startete seine Atlantiküberquerung von den Kanarischen Inseln aus. Von dieser Inselgruppe vor Afrika segelte er fünf Wochen nach Westen, bis er das erste Land sah. Kolumbus dachte, Indien erreicht zu haben. Tatsächlich war er aber in Amerika gelandet. Auf der Rückreise hielt er sich dann weiter nördlich, wo ihn die Westwinde wieder nach Hause brachten.

Kanarische Inseln

Immer schneller

Christoph Kolumbus brauchte für seine Atlantiküberquerung über einen Monat. Die schnellsten Segelyachten legen heute die Strecke zwischen Europa und Amerika in weniger als einer Woche zurück. Umgekehrt geht es sogar noch schneller: 2009 segelte die Besatzung der „Banque Populaire V“ in drei Tagen, 15 Stunden, 25 Minuten und 48 Sekunden von New York bis an die Westküste Englands. Die Durchschnittsgeschwindigkeit betrug dabei knapp 62 Kilometer pro Stunde.

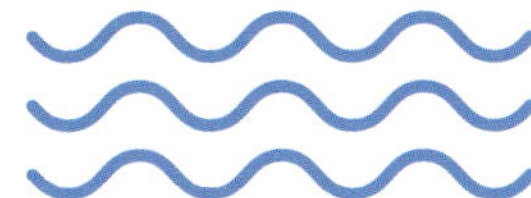

Segeln, Surfen und Co.

Für viele moderne Sportarten ist Wind erforderlich. Neben Seglern tummeln sich auch Wind- und Kite-Surfer mit ihren Segeln und Drachen auf dem Meer. Aber auch an Land lässt sich der Wind nutzen. Beim Strandsegeln sitzen die Segler nicht in Booten, sondern in Wägen mit drei Rädern. Spitzensportler düsen mit Geschwindigkeiten von bis zu 130 Kilometern die Stunde über den Sand.

Zwei Menschen beim Windsurfen

Ein Gleitschirmflieger beim Start

Ein Strandsegler

Ein Segelflugzeug hat keinen Motor, es steigt nur durch Aufwinde und gleitet.

Im Aufwind

Windbewegungen finden nicht nur waagerecht, sondern auch senkrecht statt. Aufwinde entstehen immer dann, wenn sich durch starke Sonneneinstrahlung der Boden und die darüber liegenden Luftmassen erwärmen und nach oben steigen. Auch wenn der Wind gegen einen Berg pustet, wird die Luft nach oben abgeleitet. Diese sogenannten Aufwinde nutzen Segelflugzeuge und Gleitschirmflieger, um oft stundenlang durch die Lüfte zu gleiten. 2003 legte ein Segelflieger in den südamerikanischen Anden allein durch die Kraft des Windes eine Strecke von 3000 Kilometern zurück.

Windkraft im Dienste des Menschen

Früher haben Menschen die Windkraft auch genutzt, um Getreide zu mahlen. Die vom Wind angetriebenen Flügel bewegten im Inneren der Windmühle einen Mahlstein. Dieser lag auf einem unbeweglichen zweiten Mahlstein. So wurde das Getreide zwischen den beiden Steinen zerrieben. Mit modernen Windkrafträdern produzieren wir heute elektrischen Strom. Das Gute an der Windkraft ist, dass sie unbegrenzt zur Verfügung steht. Anders als die fossilen Brennstoffe Erdöl, Erdgas oder Kohle kann sie nicht aufgebraucht werden.

Eine alte Windmühle

Ein Windkraftrad

Pusteblume und Co.

Pflanzen können sich anders als Tiere nicht aktiv fortbewegen. Um sich zu verbreiten, nutzen einige Pflanzen daher den Wind. Sicher kennst du Löwenzahn. Wenn seine gelben Blütenstände verblüht sind, wird daraus eine Pusteblume. Bei einem kräftigen Windstoß lösen sich die kleinen Fallschirmchen mit den Samen und werden durch die Luft geweht. Manche von ihnen landen erst nach vielen Kilometern wieder. Wenn die Samen dann keimen, wächst an dieser Stelle eine neue Löwenzahnpflanze.

Wolken

Wolken sehen jeden Tag anders aus. Manchmal treiben sie als Flaum am Himmel oder sie formen dicke Wattebäuschchen. An trüben Tagen ist der Himmel komplett von einer grauen Wolkenschicht bedeckt.

Flugzeug-Wolken

Wenn bei strahlendblauem Himmel Flugzeuge vorbeifliegen, bilden sich hinter ihnen weiße fluffige Streifen. Diese Kondensstreifen aus Eiskristallen entstehen durch den von den Flugzeugen ausgestoßenen Wasserdampf, der in einer Flughöhe von 10.000 Kilometer Höhe und bei Temperaturen unter minus 40 Grad Celsius kondensiert.

Was sind Wolken?

Wolken entstehen, wenn auf Wasseroberflächen durch die Sonneneinstrahlung Wasser verdunstet. Die warmen Luftschichten steigen mit dem darin enthaltenen Wasserdampf auf und kühlen dabei ab. Da kalte Luft weniger Wasserdampf aufnehmen kann als warme Luft, kondensiert das „überschüssige“ Wasser. Die Tröpfchen entstehen an winzigen Staubteilchen. Wissenschaftler bezeichnen diese Staubteilchen als Kondensationskerne. Mit der Zeit werden die Tröpfchen immer größer. Wenn sie zu schwer werden, um in der Luft zu schweben, fallen sie als Regen zu Boden. Bei niedrigen Temperaturen bilden sich in den Wolken statt Wassertröpfchen Eiskristalle. Wenn diese zu Boden fallen, schneit es auf der Erde.

Sonnenschirm oder Wärmedecke

Wolken sind nicht nur als Regenlieferant wichtig. Sie beeinflussen auch die Temperatur auf unserer Erde. Ein von Wolken bedeckter Himmel wirft einen großen Teil der Sonnenstrahlung zurück, der dann nicht mehr auf die Erdoberfläche gelangen kann. Die Rückstrahlung funktioniert besonders gut, weil die Wolken weiß sind. Wissenschaftler sprechen vom Albedo-Effekt. Umgekehrt verhindern Wolken aber auch, dass Wärme von der Erdoberfläche ins Weltall verloren geht. Tagsüber wirkt die Wolkendecke daher wie ein Sonnenschirm: Bei bewölktem Himmel ist es weniger warm. Nachts kommt dann die Wärmedecke zum Einsatz: Jetzt wird es bei bewölktem Himmel weniger kalt.

Bei einer dichten Wolkendecke scheint die Sonne zwar über den Wolken …

… sie kommt aber nicht zur Erde durch.

Wolken als Wetterpropheten

Meteorologen unterteilen die Wolkenformen nach ihrem Aussehen, ihrer Ausdehnung und nach der Höhe, in der sie in der Atmosphäre vorkommen. Anhand der Form der Wolken können sie vorhersagen, wie das Wetter in den nächsten Stunden wird.

Hohe Wolken

Federwolken (Cirrus), Schleierwolken (Cirrostratus) und kleine Schäfchenwolken (Cirrocumulus) kommen in mehr als fünf Kilometern Höhe vor. Die aus Eiskristallen bestehenden Wolken erscheinen von der Erde aus gesehen strahlend weiß. Wenn sich hohe Wolken am Himmel verdichten, ist eine Warmfront mit Regen im Anmarsch.

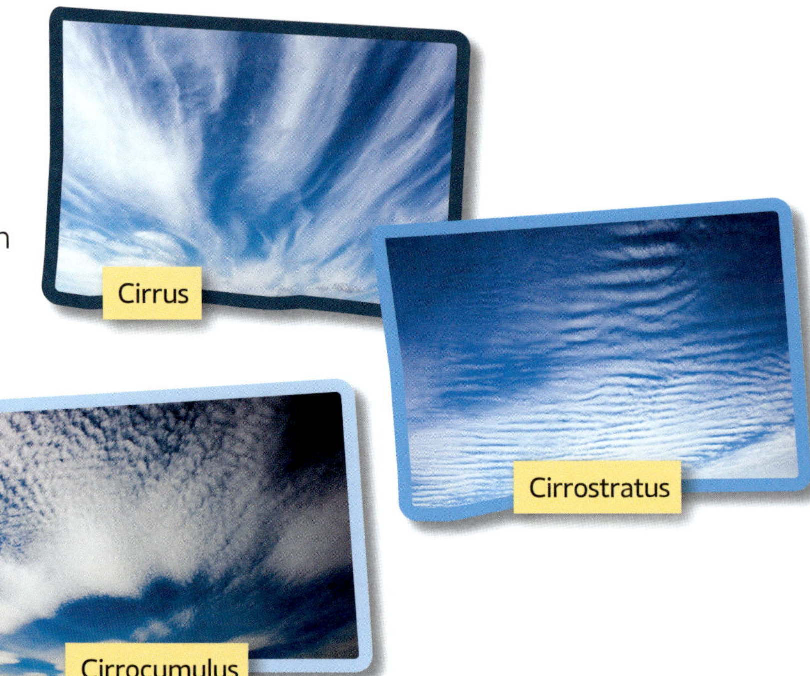

Cirrus

Cirrostratus

Cirrocumulus

Altocumulus

Mittelhohe Wolken

Zu den in zwei bis sieben Kilometern Höhe vorkommenden mittelhohen Wolken zählen Schäfchenwolken (Altocumulus) und mittelhohe Schichtwolken (Altostratus). Schäfchenwolken bilden große Wolkenhaufen mit einer hellen Unterkante. Im Sommer kündigen sie Gewitter an. Mittelhohe Schichtwolken überziehen den Himmel gleichmäßiger. Wenn sie den Himmel fast vollständig bedecken, zieht eine Regenfront auf.

Altostratus

Wolken auf der Überholspur

Normalerweise steigt die Windstärke mit zunehmender Höhe. Wenn gleichzeitig in verschiedenen Luftschichten Wolken entstehen, bewegen sich daher die Wolken der höheren Luftschichten schneller über den Himmel als tiefer liegende Wolken.

Tiefe Wolken

Tiefe Wolken hängen weniger als zwei Kilometer über dem Boden. Tiefe Schichtwolken (Stratus) bedecken den Himmel als einheitliche graue Wolkenschicht. Sie bringen in der Regel nur etwas Nieselregen. Stratocumulus-Wolken zeigen anders als Stratus-Wolken Lücken, durch die Sonne scheinen kann.

Stratus

Stratocumulus

Nimbostratus

Vertikale Wolken

Diese Wolkentypen können sich über mehrere Höhenstufen erstrecken. Bei einer dunklen, dichten Wolkenschicht aus Nimbostratus-Wolken ist Regen nicht mehr fern. Die variabel geformten Blumenkohl- oder Haufenwolken (Cumulus) stehen meist vor einem strahlend blauen Himmel. Sie gelten daher als Schönwetterwolken. In der Regel lösen sie sich gegen Abend auf. Werden sie immer größer, kann es aber zu Schauern und Gewittern kommen. Die mächtigen Wolkentürme der Gewitterwolken (Cumulonimbus) sind die Vorboten von Unwettern mit Starkregen.

Cumulus

Cumulonimbus

Regen

Wenn es regnet, hält sich deine Lust, draußen zu spielen, wahrscheinlich in Grenzen. Doch für die Natur ist das kühle Nass vom Himmel überlebenswichtig.

Regen als Teil des Wasserkreislaufes

Damit es regnet, braucht es Wolken. Diese bilden sich, wenn durch die Sonneneinstrahlung Wasser aus Meeren, Seen und Flüssen verdunstet. Das gasförmige Wasser steigt mit der warmen Luft nach oben. Dabei kühlt es ab und kondensiert zu kleinen Wassertröpfchen. Ganz viele Wassertröpfchen zusammen bilden Wolken. Wenn die Tropfen zu groß und zu schwer werden, fallen sie als Regen zu Boden. Das im Boden versickernde Wasser gelangt wieder in die Meere und es beginnt alles von vorne. Diesen sich ständig wiederholenden Ablauf nennt man Wasserkreislauf.

Regen hat viele Namen

Nieselregen oder Sprühregen besteht aus kleinen Tropfen, die wir auf der Haut kaum wahrnehmen. Bei einem Starkregen fällt besonders viel Regen vom Himmel. Ein Schauer ist ein plötzlich in einem begrenzten Gebiet auftretender Regen, der nach kurzer Zeit wieder aufhört. Ganz ähnlich sieht auch ein Platzregen aus. Hier kommen noch besonders große Tropfen hinzu. Häufig werden Schauer oder Platzregen auch als Wolkenbrüche bezeichnet.

Nieselregen

Starkregen

Wusstest du, dass Regentropfen überhaupt keine Tropfenform besitzen? Bei einem Durchmesser von weniger als zwei Millimetern sind sie kugelförmig. Größere Tropfen werden beim Fallen zusammengedrückt und sehen eher aus wie Reiswaffeln.

Niederschlag

Meteorologen verwenden häufig den Begriff Niederschlag. Damit beschreiben sie flüssiges oder festes Wasser, das aus den Wolken auf die Erde fällt. Neben Regen gehört auch Hagel und Schnee zu den Niederschlägen. Manchmal werden auch noch Nebel und Tau dazugezählt.

Regen lässt Pflanzen sprießen

Pflanzen lieben Regen. Sie nehmen das im Boden versickerte Regenwasser mit ihren Wurzeln auf. Und damit gleich noch eine Portion Nährstoffe aus der Erde. Über Kanäle verteilt sich das Wasser über die Stängel und Stämme bis in die Blüten und Blätter. Hier verdunstet ein Teil des aufgenommenen Wassers wieder. Ist der Nachschub an Wasser aus dem Boden zu gering, werden die Blätter ganz schlaff. Außer Wasser brauchen die Pflanzen auch Sonnenlicht und Kohlenstoffdioxid zum Wachsen. In Gegenden, wo es wenig regnet, findest du auch weniger Pflanzen. In Wüsten überleben nur die Pflanzenarten, die gelernt haben, mit den geringen Wassermengen auszukommen.

Nasse Gefahr

Bei Starkregen kann es passieren, dass Flüsse über die Ufer treten und Häuser und Autos wegreißen. Wenn im Winter die Böden eiskalt sind, gefriert der Regen blitzschnell. Durch den Eisregen werden Bäume zu glitzernden Eisskulpturen und Straßen in Sekunden zu gefährlichen Schlitterflächen.

Wie viel regnet es bei uns?

Niederschlagsmengen werden meist in Liter pro Quadratmeter angegeben. Bei einem Starkregen fallen auf diese Fläche innerhalb einer Stunde bis zu 30 Liter Regen. Das entspricht etwa dem Inhalt von drei Wassereimern. Übers Jahr verteilt beträgt die durchschnittliche Regenmenge in Deutschland 830 Liter pro Quadratmeter. Doch nicht überall kommt gleich viel Regen an. 2022 war es in Kempten im Allgäu mit knapp 1200 Litern pro Quadratmeter am nassesten. Dagegen fielen im gleichen Jahr in Berlin nur etwa 400 Liter Regen pro Quadratmeter.

Wenn ein Liter Regen auf eine Fläche von einem Quadratmeter fällt und nicht versickert, bildet sich eine Wasserschicht von einem Millimeter Dicke. Daher sprechen Meteorologen bei Regenmengen auch manchmal von Millimetern.

Regenmesser selbst bauen

Das brauchst du:

- leere Plastikflasche (1,5 Liter)
- Schere, Lineal, wasserfesten Folienstift
- Gewebeband (3 Zentimeter breit, helle Farbe)
- Kieselsteine

So geht es:

1. Schneide aus der Plastikflasche den mittleren schmalen Teil heraus. Lass dir dabei von einem Erwachsenen helfen.
2. Klebe über die scharfen Ränder des oberen und unteren Teils der Flasche Gewebeband.
3. Fülle Kieselsteine in den unteren Teil der Flasche.
4. Übertrage die Längenskala von dem Lineal auf ein Stück Gewebeband (etwa 10 Zentimeter lang)
5. Klebe den Gewebebandstreifen auf die Flasche, sodass die 0-Zentimeter-Markierung oberhalb der Kieselsteine liegt.
6. Fülle Wasser bis zur 0-Zentimeter-Markierung in die Flasche.
7. Setze den oberen Teil der Flasche als Trichter in den unteren Teil der Flasche.
8. Eine windgeschützte Stelle auf einer Wiese eignet sich am besten, um den Regenmesser aufzustellen.

Beobachtung:

Wenn es regnet, sammelt sich Regenwasser in der Flasche. Anhand der Änderung des Wasserstandes in deiner Flasche kannst du die Regenmenge bestimmen. Jeder Millimeter in deiner Flasche entspricht einer Regenmenge von einem Liter pro Quadratmeter.

Nebel

Manchmal, wenn du morgens aus dem Fenster schaust, verbirgt sich die Landschaft hinter weißem Dunst. Bei uns in Deutschland sind Nebeltage in den Herbstmonaten am häufigsten.

Besonders im Herbst hängt morgens häufig Nebel über dem Boden.

Wolken am Boden

Nebel besteht wie Wolken aus kleinen Wassertröpfchen. Damit Nebel entstehen kann, muss es zunächst warm sein, sodass Wasser verdunsten kann. Danach muss es abkühlen, damit ein Teil des Wasserdampfes kondensiert. Solche Temperaturwechsel kommen im Herbst und im Frühjahr häufig vor. Tagsüber ist es zu diesen Jahreszeiten noch recht warm, nachts fällt das Thermometer aber schon gewaltig. Anders als im Herbst ist das Wetter im Frühjahr meist wechselhafter und windiger, sodass zu dieser Jahreszeit seltener Nebel entsteht.

Auch du kannst Nebel produzieren. Wenn du an einem kalten Wintertag ausatmest, bildet sich vor deinem Gesicht eine kleine Nebelwolke. Das kommt daher, dass deine warme und feuchte Atemluft draußen schnell abkühlt und ein Teil des gasförmigen Wassers kondensiert.

Stinkende Dunstglocke

Normalerweise sinkt die Lufttemperatur mit steigender Höhe. Direkt auf der Erdoberfläche ist es am wärmsten. Abgase aus Autos und Fabriken steigen mit der warmen Luft nach oben und verschwinden. In kalten, wolkenlosen Herbst- oder Winternächten kühlen die bodennahen Luftschichten manchmal aber stärker aus als die darüber liegenden Schichten. Meteorologen nennen das Inversionswetterlage (lateinisch inversio = Umkehr). Bei Windstille bleiben die kalten Luftschichten mit den Abgasen als stinkende Dunstglocke über den Städten hängen. Aus den englischen Wörtern „smoke" (Rauch) und „fog" (Nebel) hat sich der Begriff „Smog" für diese Form der Luftverschmutzung entwickelt.

Autos und Fabriken produzieren Abgase.

Dichter Smog über einer chinesischen Stadt

Erkennst du die Wassertröpfchen am Rücken des Käfers?

Nebeltrinker in der Wüste

Die Wüste Namib im Süden Afrikas gehört zu den trockensten Gegenden auf der ganzen Welt. Regen ist hier die absolute Ausnahme. An etwa jedem zweiten Tag im Jahr bildet sich jedoch Morgennebel. Den nutzen Nebeltrinker-Käfer als Wasserquelle. Oben auf den Dünen machen die Tierchen einen Kopfstand. Die winzigen am Hinterteil des Käfers hängenbleibenden Wassertröpfchen fließen ihm über Rinnen an seinem Rücken direkt in den Mund.

Frost

Im Winter, wenn die Tage immer kürzer werden, sinken auch die Temperaturen. Dann können wir häufig beobachten, wie draußen alle Bäume, Pflanzen und Gegenstände von einer glitzernden Eisschicht überzogen sind.

Eisige Kälte

Die Bezeichnung Frost leitet sich von dem Wort „frieren" ab. Von Frost sprechen wir, wenn die Lufttemperatur zwei Meter über dem Boden kälter als 0 Grad Celsius ist. Bei solchen Temperaturen gefriert das Wasser und wird zu Eis.

Frost als Künstler

Wenn es draußen knackig kalt ist und die Luft viel Wasserdampf enthält, kann sich Wasser aus der Luft an kalten Oberflächen ablagern und Bäume und Zäune mit einer weißen Puderschicht überziehen. Das besondere an diesem Raureif ist, dass der Wasserdampf beim Abkühlen nicht zuerst flüssig wird, sondern gleich fest. Diesen Vorgang nennen Wissenschaftler Resublimation. Auch an Fensterscheiben können sich Eiskristalle bilden, wenn an Wintertagen die feuchte Raumluft an dem kalten Glas gefriert. Diese sehen häufig aus wie Blüten und werden daher Eisblumen genannt.

Eisblumen an Fensterscheiben

Erstarrte Flüsse

Von Hausdächern herablaufende Wassertropfen bilden bei Frosttemperaturen an den Dachkanten glitzernde Eiszapfen. Wenn es wochenlang heftig friert, können auch tosende Wasserfälle zu Eis erstarren. Die ersten Wassertropfen gefrieren, wenn sie am Rand auf den kalten Felsen spritzen. An den ersten Kristallen bleiben weitere flüssige Wasserteilchen hängen und werden zu Eis. Selbst die großen Niagara-Wasserfälle in Nordamerika, wo pro Sekunde Millionen Liter Wasser in die Tiefe stürzen, frieren bei großer Kälte ganz oder teilweise zu.

Im Winter können sogar die Niagarafälle zufrieren.

Wenn es kälter wird, zieht sich Metall zusammen. Daher ist beispielsweise der Eiffelturm in Paris bei frostigen Temperaturen mehrere Zentimeter kleiner.

Vorsicht beim Schlitterspaß

Bei langem Frost laden spiegelglatte Eisflächen auf Seen und Teichen zum Schlittschuhlaufen ein. Doch aufgepasst! Oft ist die stabil erscheinende Eisschichte zu dünn, um dein Gewicht zu tragen. Du solltest dich daher nie alleine auf das Eis wagen und immer deine Eltern fragen. Die können sich bei Behörden erkundigen, ob das Eis dick genug ist.

Hagel, Schnee und Graupel

Wasser kann nicht nur als Regen vom Himmel fallen. An manchen Wintertagen rieseln fluffige Schneeflocken vom Himmel und hüllen die Landschaft in ein weißes Winterkleid. Feste Hagelkörner können bei sommerlichen Unwettern dagegen große Schäden anrichten.

Zarte Kristalle oder harte Körner

Schnee entsteht in den Wolken. Dazu muss es dort so kalt sein, dass das Wasser gefriert und Kristalle bildet. Diese Kristalle lagern sich an Staubteilchen an. In der Wolke werden die Kristalle immer größer, bis sie zu schwer werden und auf die Erde fallen. Den Boden erreichen sie aber nur, wenn auch in den erdnahen Luftschichten Minustemperaturen herrschen. Sonst regnet es. Auch Hagelkörner bestehen aus gefrorenem Wasser. Sie bilden sich durch unterschiedliche Temperaturschichten in Gewitterwolken. Bevor sie endgültig zu Boden fallen, werden sie in den Schichten herumgewirbelt, wo sie immer wieder antauen und gefrieren. Je häufiger es hoch und runter geht, desto größer werden die Hagelkörner.

Graupel

Im Winterhalbjahr fällt manchmal auch Graupel vom Himmel. Die Eiskörnchen sind im Vergleich zu Hagelkörnern kleiner und weniger hart. Sie entstehen, wenn sich an Schneekristalle Wassertröpfchen anlagern.

Eine Schneeflocke

Graupel hat deutlich kleinere Körner als Hagel.

Hagelkörner

Leise rieselt der Schnee

Bist du schon mal durch verschneite Straßen spaziert? Dann ist dir bestimmt aufgefallen, dass deine Schritte und vorbeifahrende Autos deutlich leiser klingen. Woher kommt das? Schneekristalle bestehen bis zu 90 Prozent aus Luft. Wenn Schallwellen in die luftgefüllten Hohlräume geraten, werden sie praktisch verschluckt. Frisch gefallener Pulverschnee ist der beste Lärmschlucker. Wenn der Schnee länger liegen bleibt, wird er dichter und enthält weniger Hohlräume. Dann kann die Schneedecke die Geräusche nicht mehr so stark dämpfen.

Beschuss von oben

In der Regel besitzen Hagelkörner einen Durchmesser von einem halben bis fünf Zentimetern. Doch es geht auch deutlich größer. 2013 wurde in einer kleinen Gemeinde auf der Schwäbischen Alb ein Hagelkorn mit einem Durchmesser von über 14 Zentimeter gefunden. Das weltweit größte Hagelkorn, dass 2010 in den USA entdeckt wurde, erreichte mit 20 Zentimeter fast die Größe eines Fußballs. Größere Hagelkörner fallen schneller vom Himmel. Hagelkörner von einem Zentimeter erreichen etwa 32 Stundenkilometer. Bei drei Zentimetern sind es schon 90 Stundenkilometer. Daher verursachen große Hagelkörner auch größere Schäden.

Manchmal können Hagelkörner extrem groß werden.

Regenbogen

Bestimmt hast du nach dem Regen schon einmal einen bunten Regenbogen am Himmel bestaunt. Doch wo kommen die leuchtenden Farben eigentlich her?

Bunter Fächer aus Licht

Das Licht, das du als weiß oder hell wahrnimmst, besteht eigentlich aus vielen verschiedenen Farben, die durch die Überlagerung weiß wirken. Das ist ähnlich wie bei einem Malkasten, nur wenn du dort alle Farben mischst, entsteht ein Braunton. Ein Regenbogen kann nur dann entstehen, wenn in der Luft Wassertröpfchen schweben und die Sonne scheint. Trifft das Sonnenlicht auf die Wassertröpfchen, werden die Lichtstrahlen je nach ihrer Farbe unterschiedlich stark gebrochen. Die Farben des Lichtes entmischen sich und werden sichtbar. Die Rückwand der Tropfen wirft einen Teil der Strahlen zurück. Zusammen bilden die Tropfen in der Luft einen riesigen Spiegel, der das in seine Farben aufgeteilte Sonnenlicht reflektiert, sodass du am Himmel einen Regenbogen sehen kannst.

Wie viele Farben hat der Regenbogen?

Ganz genau kann dir das niemand beantworten, da zwischen den einzelnen Regenbogenfarben Farbverläufe entstehen. Im Allgemeinen zählen wir aber sieben Regenbogenfarben: Der äußere Bogen ist rot, dann folgen Orange, Gelb, Grün, Hellblau (Cyan) und Indigo. Der innere Rand des Regenbogens ist violett.

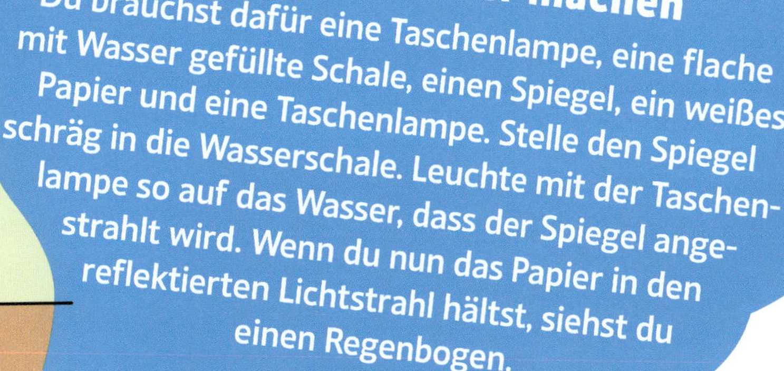

Regenbogen selber machen

Du brauchst dafür eine Taschenlampe, eine flache mit Wasser gefüllte Schale, einen Spiegel, ein weißes Papier und eine Taschenlampe. Stelle den Spiegel schräg in die Wasserschale. Leuchte mit der Taschenlampe so auf das Wasser, dass der Spiegel angestrahlt wird. Wenn du nun das Papier in den reflektierten Lichtstrahl hältst, siehst du einen Regenbogen.

Doppelter Regenbogen

Manchmal kannst du am Himmel sogar zwei Regenbögen erkennen. Der doppelte Regenbogen entsteht, wenn das Sonnenlicht, bevor es den Wassertropfen verlässt, zweimal reflektiert wurde. Da bei diesem doppelten Spiegelungsprozess mehr Licht verloren geht, ist der zweite Regenbogen deutlich blasser. Und noch etwas ist anders. Die Farben im zweiten Regenbogen sind umgekehrt angeordnet – außen violett und innen rot.

Hast du schon mal gesehen, dass Menschen Regenbogenfahnen in ihre Fenster hängen? Sie setzen damit ein Zeichen gegen Krieg und Gewalt. Der Regenbogen ist nämlich ein Symbol des Friedens und der Toleranz.

Gewitter

Sicher hast du das im Sommer auch schon mal erlebt. Gerade noch hast du draußen in der Sonne gespielt. Doch plötzlich zieht ein Gewitter auf. Der Himmel ist von dunklen Wolken bedeckt. Es weht heftig und am Himmel sind helle Blitze zu sehen.

Wie entsteht ein Gewitter?

Bei großer Hitze verdunstet sehr viel Wasser aus dem Boden oder aus Seen und Flüssen. Die warme, feuchte Luft steigt nach oben und kühlt dort ab. Die Wolken werden immer größer und schon bald türmen sich bedrohliche Gewitterwolken am Himmel. Durch das ständige Auf und Ab der kalten und warmen Luftmassen in den Wolken entsteht Reibung. Dabei laden sich die Tröpfchen elektrisch auf. Negativ geladene Tröpfchen sammeln sich im unteren Teil der Wolke an, positiv geladene Tröpfchen im oberen Teil. Dadurch entsteht eine elektrische Spannung. Wenn diese zu groß wird, kommt es zum Ladungsausgleich. Dabei entsteht ein sehr kurzer, aber starker elektrischer Strom: Am Himmel blitzt es.

Gewaltige Kraft

Die Spannung in Gewitterwolken beträgt bis zu 100 Millionen Volt und die Stromstärke in einem Blitz bis zu 100.000 Ampere. Zum Vergleich: Der Strom aus der Steckdose hat gerade mal 16 Ampere und die Spannung beträgt 220 Volt.

Ohne Blitz kein Donner

In einem Blitz erwärmt sich die Luft explosionsartig auf bis zu 30.000 Grad Celsius und dehnt sich dabei aus. Dadurch entsteht eine Druckwelle, die wir als Donner hören. Schallwellen sind jedoch mit 330 Metern pro Sekunde deutlich langsamer als Licht. Das schafft pro Sekunde sagenhaft 300.000 Kilometer. Daher sehen wir immer zuerst den Blitz und hören den Donner später. Beim Wetterleuchten ist das Gewitter so weit entfernt, dass wir die Blitze selbst nicht sehen können, sondern nur die „angeblitzten“ Wolken. Auch der Donner ist ganz leise oder gar nicht zu hören.

Wetterleuchten

Mit einem Trick kannst du ganz einfach ausrechnen, wie weit das Gewitter von deinem Standpunkt entfernt ist. Dazu musst du die Sekunden zwischen Blitz und Donner durch drei teilen. Wenn du beispielweise sechs Sekunden zählst, ist das Gewitter zwei Kilometer entfernt.

Gefahr aus dem Himmel

In den meisten Fällen entladen sich Blitze innerhalb der Wolken. Manchmal rast der Blitz aber auch aus den Wolken in Richtung Erde und schlägt am Boden ein. So ein Blitzeinschlag kann erhebliche Schäden verursachen und ist auch für Menschen und Tiere gefährlich. Trotzdem besteht kein Grund zur Panik. Die Wahrscheinlichkeit von einem Blitz getroffen zu werden ist bei richtigem Verhalten sehr gering. In Deutschland werden jährlich nur knapp 150 Menschen durch Blitze verletzt.

Wo schlagen Blitze ein?

Der Blitz sucht sich auf dem Weg zur Erde immer den kürzesten Weg. Daher schlagen Blitze am häufigsten in Dinge ein, die über ihre Umgebung hinausragen. Du solltest dich also, wenn du von einem Gewitter überrascht wirst, auf keinen Fall unter einen Baum stellen. Besser ist es, sich mit geschlossenen Beinen möglichst flach hinzuhocken. Super ist es, wenn du dich in ein Auto setzen kannst. Das Metallgehäuse des Autos leitet den Blitz um dich herum in die Erde. Auch auf den Dächern von Häusern montierte Blitzableiter funktionieren nach diesem Prinzip.

In Venezuela kommt es an der Mündung des Flusses Catatumbo ins Meer etwa jede zweite Nacht zu heftigen Gewittern. Bis zu 60 Blitze pro Minute wurden hier schon gezählt.

Eichen sollst du weichen, Buchen sollst du suchen?

Früher glaubten Menschen, dass der Blitz nicht in Buchen einschlägt, weil sie an diesen Bäumen keine Blitzschäden fanden. Das liegt daran, dass sich bei Regen auf der glatten Rinde der Stämme ein Wasserfilm bildet. Der Blitz wird darüber in den Boden abgeleitet und der Baum bleibt unversehrt. Blitze unterscheiden aber nicht nach Baumart und schlagen in Buchen und Eichen gleich häufig ein.

Raus aus dem Wasser!

Bei Gewittern im Schwimmbad oder im Meer zu baden ist keine gute Idee. Beim Schwimmen ragen unsere Köpfe über die ebene Wasserfläche heraus. Somit sind sie für Blitze ein bevorzugtes Ziel. Daher heißt es raus aus dem Wasser, wenn ein Gewitter naht.

Ein zerstörter Baum nach einem Blitzeinschlag

Abtauchen

Anders als wir Menschen können Fische bei Gewitter das Wasser nicht verlassen. Dennoch werden Fische relativ selten von Blitzen getroffen. Das liegt daran, dass sie sich unter Wasser bewegen und nicht über die Wasseroberfläche herausragen. Wenn ein Blitz in die Wasseroberfläche einschlägt, verteilt sich der Strom nach allen Seiten und wird schwächer. Für Fische ist der Blitz nur gefährlich, wenn sie nahe an der Einschlagsstelle in der Nähe der Wasseroberfläche schwimmen.

WETTERVORHERSAGEN

WETTERVORHERSAGEN

Wie wird das Wetter morgen? Diese Frage stellen sich täglich viele Menschen, um ihre Arbeit und Freizeit zu planen. Bauern können bei der Ernte keinen Regen gebrauchen und Segler sollten bei Sturmwetter besser im Hafen bleiben.

Auf dem Boden und in der Luft

Für eine Wettervorhersage tragen Meteorologen viele Daten zusammen. Allein in Deutschland werden täglich an etwa 2000 Messstationen die Temperatur, der Luftdruck, die Sonnenscheindauer und die Regenmenge bestimmt. Auch Regenradarstationen messen aktuelle Niederschlagsmengen. Zur Analyse der Wetterverhältnisse in oberen Luftschichten schicken die Meteorologen jeden Tag zusätzlich rund 20 Wetterballons in die Luft. Die Ballons transportieren Messgeräte, die Wetterdaten zur Erde senden. In rund 30 Kilometern Höhe platzen die Ballons und die Messgeräte segeln langsam wieder nach unten.

Kontrolle aus dem All

Für eine exakte Wettervorhersage reicht es nicht aus, nur das Wetter in Deutschland zu beobachten. Deshalb tauschen Meteorologen verschiedener Länder ihre Daten aus. Über Satelliten im Weltall erhalten sie Wetterinformationen aus Gegenden, in denen keine oder nur wenige Messstationen stehen. So werden beispielsweise auch die Ozeane abgedeckt.

Eine Wetterstation in den Bergen

Ein Wetterballon

Messen und rechnen

Auf Basis der Daten von Messstationen und Satelliten erstellen riesige Computer Wettervorhersagemodelle. Die Idee dahinter lautet: Aus dem Zustand der Atmosphäre zu einem bestimmten Zeitpunkt lässt sich berechnen, wie sich das Wetter wahrscheinlich in den nächsten Stunden und Tagen entwickeln wird. So können Meteorologen beispielsweise abschätzen, in welche Richtung eine Regenfront zieht und wann sie einen bestimmten Ort erreicht.

Ein Meteorologe bei der Arbeit

Immer genauer

Die gute Nachricht ist: Wettervorhersagen werden immer genauer. Vor 50 Jahren konnten Meteorologen das Wetter maximal für zwei Tage einigermaßen verlässlich vorhersagen. Heute gelingt das häufig schon für fünf oder sechs Tage. Allerdings hängt die Genauigkeit von der Stabilität der Wetterlage ab. Je schneller sich das Wetter ändert, desto ungenauer werden die Vorhersagen. Bei längerer Vorhersagezeit müssen die Daten von einem größeren Gebiet berücksichtigt werden. Will man das Wetter eine Woche im Voraus wissen, müssen Daten aus der ganzen Welt einberechnet werden.

Wann ein Tornado entsteht und welchen Weg er nehmen wird, lässt sich auch heute noch nicht vorhersagen.

Löwenzahn kündigt Regen an

Da das Wetter für Landwirte eine besondere Bedeutung hat, haben sie seit jeher das Wetter beobachtet. Daraus haben sich die sogenannten Bauernregeln entwickelt. Die Treffsicherheit dieser Regeln unterscheidet sich erheblich. Heute lassen sich viele der Bauernregeln wissenschaftlich begründen. Dazu gehört auch die Regel: „Wenn der Löwenzahn seine schönen Blüten versteckt, sich mit Regenwolken bald der Himmel bedeckt.“ Korbblütler wie der Löwenzahn schützen den Blütenstand vor Regen, indem sie ihn in die äußeren Hüllblätter einpacken. Der Schließmechanismus beruht auf der Luftfeuchtigkeit. Die Hüllblätter nehmen Wasser aus der Luft auf und ziehen sich dadurch um den Blütenstand zusammen. Damit ist der Löwenzahn ein perfekter Regenbote.

Bei Regen verschließt der Löwenzahn seine gelben Blüten, um sie zu schützen.

„Kräht der Hahn auf dem Mist, ändert sich das Wetter oder es bleibt wie es ist.“ Diese bekannte und vielleicht nicht ganz ernsthaft gemeinte Bauernregel stimmt immer.

Abendrot = Schönwetterbot, Morgenrot = mit Regen droht

Auch an dieser Bauernregel ist zumindest teilweise was dran. Ein roter Himmel im Westen bei Sonnenuntergang ist nur bei wolkenlosem Himmel zu sehen. Da bei uns Schlechtwetterfronten meist aus dem Westen kommen, spricht das Abendrot eher für gutes Wetter auch am kommenden Morgen. Dagegen ist das Morgenrot bei Sonnenaufgang am östlichen Himmel keineswegs immer mit Regenwetter verbunden.

Wetterpropheten oder Feinschmecker?

Viele Menschen glauben, aus dem Verhalten von Laubfröschen oder Schwalben ließe sich das kommende Wetter ablesen. Laubfrösche klettern bei gutem Wetter gerne an Pflanzen hoch, während sie bei schlechtem Wetter auf dem Boden bleiben. Dieses Verhalten hat mit dem Nahrungsangebot zu tun. Die Tiere klettern nach oben, wenn bei gutem Wetter viele Insekten in der Luft herumfliegen. Bei schlechtem Wetter stehen dagegen die Chancen auf einen fetten Happen am Boden besser. Für die ebenfalls Insekten fressenden Schwalben gilt das Gleiche: Bei schlechtem Wetter haben sie mehr Jagdglück in der Nähe des Bodens und fliegen tiefer. Das Verhalten der Tiere hängt somit vom aktuellen und nicht vom zukünftigen Wetter ab.

KLIMA

KLIMA

Klimazonen

Schnee und Frost im Januar und Badewetter im August, so kennen wir das Wetter bei uns zu Hause. Doch nicht überall auf der Erde ist das Wetter im Jahresverlauf gleich. In manchen Gegenden ist es das ganze Jahr über warm, an anderen Orten schneit es im Juni.

Wetter versus Klima

Sprechen wir von Wetter, meinen wir die Vorgänge die vor kurzem, jetzt oder in naher Zukunft in der Atmosphäre ablaufen. Hat es gestern geschneit? Wie warm wird es heute? Wieviel regnet es morgen? Mit dem Begriff Klima beschreiben wir die Wettererscheinungen in einer bestimmten Gegend über einen langen Zeitraum. Wie viel regnet es in einem Jahr? Wie haben sich die Temperaturen in den vergangenen Jahrzehnten entwickelt?

Klimazonen – vom Äquator zu den Polen

Das Klima in einer Gegend wird durch den Abstand zum Äquator bestimmt. In einem rund 5600 Kilometer breiten Band nördlich und südlich des Äquators herrscht ein tropisches Klima. Weiter nach Norden und Süden schließen sich die subtropischen Klimazonen an. Dann folgen die gemäßigten Zonen und die subpolaren Zonen. Rund um den Nord- und Südpol liegen die Polarregionen. In den Tropen ist es während des ganzen Jahres über gleichmäßig warm. In den anderen Klimazonen ändert sich das Klima im Jahresverlauf.

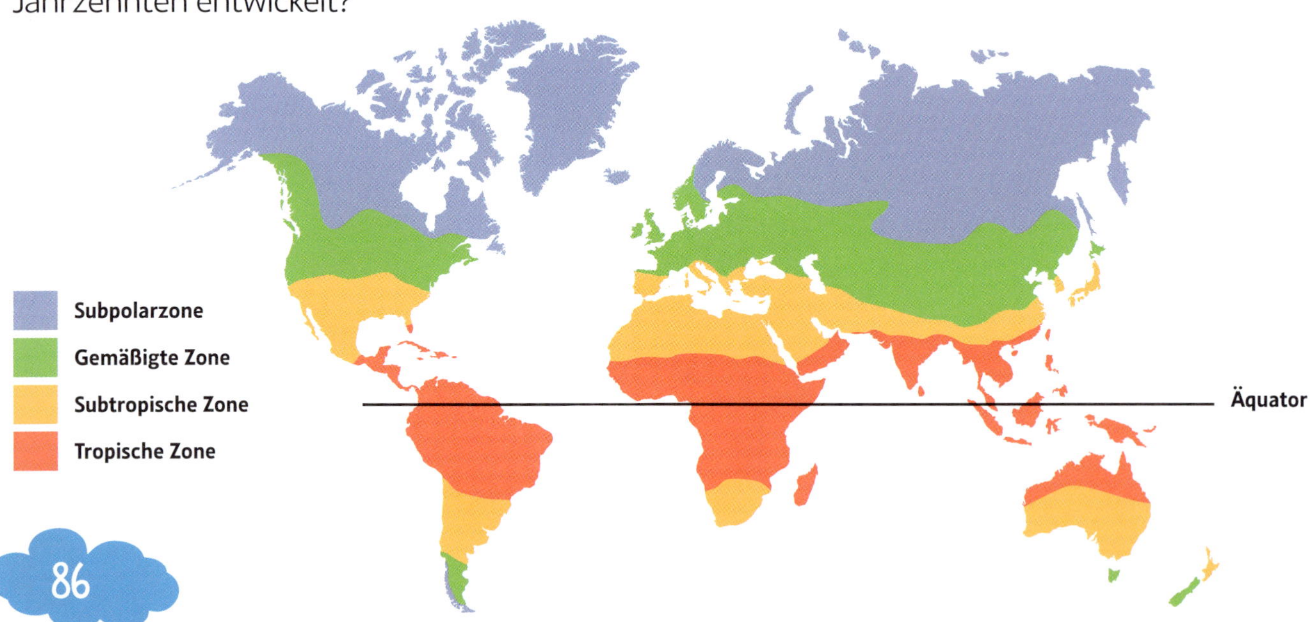

Seeklima versus Kontinentalklima

Das Klima in einer Gegend wird zusätzlich dadurch bestimmt, ob ein Meer in der Nähe liegt. In Küstengebieten unterscheiden sich die Temperaturen zwischen Winter und Sommer weniger deutlich als in Gebieten, die in der Mitte eines Kontinents liegen. Das liegt daran, dass Wasser ein guter Wärmespeicher ist. Deshalb erwärmt sich in warmen Sommern die Luft am Meer weniger stark als über dem Land. Während der kalten Jahreszeit gibt das Wasser die gespeicherte Wärme wieder ab. Daher wird es in der Nähe des Meeres im Winter weniger kalt.

Klimafaktor Niederschlag

Wichtig für das Klima einer Gegend ist auch die jährliche Regenmenge. In Wüsten regnet es pro Jahr weniger als 100 Liter pro Quadratmeter. Der nasseste Ort der Welt liegt dagegen in Indien. In Mawsynram werden im Durchschnitt jährlich über 12.000 Liter pro Quadratmeter Regen gemessen.

Durch die häufigen Regenfälle hat sich in Mawsynram eine besonders üppige Vegetation entwickelt.

Achterbahnfahrt der Temperatur

Mitten in Asien ist weit und breit kein Meer zu sehen. Daher wird es in der kleinen Stadt Werchojansk in Sibirien im Winter mit Temperaturen von bis zu knapp minus 68 Grad Celsius bitterkalt. Im Sommer kann das Thermometer dagegen auf bis zu 38 Grad Celsius klettern.

In Wüstenregionen regnet es so selten, dass nur wenige Pflanzen wachsen können.

Tropen

Viele Menschen verbinden mit den Tropen ein feuchtwarmes Klima und üppige Regenwälder. In den Tropen gibt es aber auch Savannen, in denen weniger Regen fällt, und sogar Berge mit Schneekuppen.

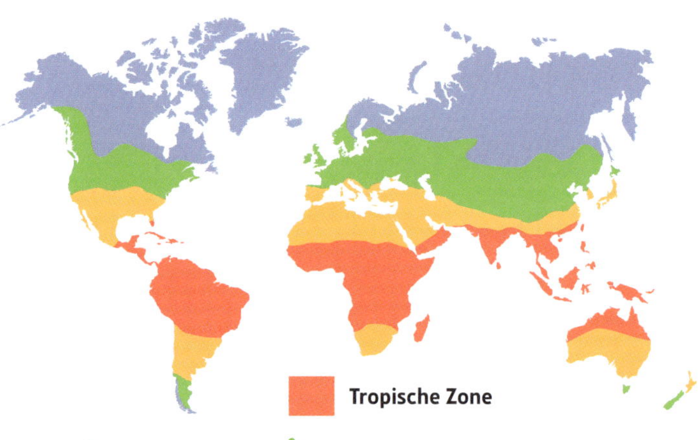

Keine Jahreszeiten

In den Tropen gibt es keine Jahreszeiten mit unterschiedlichen Temperaturen. Die Tage und Nächte dauern am Äquator immer genau zwölf Stunden und die Sonne steht mittags während des ganzen Jahres hoch am Himmel. Aufgrund der starken und konstanten Sonneneinstrahlung ist es gleichmäßig warm. Je nach Gebiet können die jährlichen Regenmengen jedoch sehr verschieden sein, wie die unterschiedliche Vegetation zeigt.

Tropischer Regenwald

In den Regenwaldgebieten rund um den Äquator in Afrika, Asien und Amerika regnet es beinahe jeden Tag. Daher werden diese Wälder als Regenwald bezeichnet. Hier wachsen viele Pflanzen auf unterschiedlichen Etagen. Die bis zu 80 Meter hohen Bäume tragen das ganze Jahr über dichtes Laub. Durch die hohe Sonneneinstrahlung verdunsten große Mengen Wasser aus den Blättern. Im Laufe des Tages türmen sich am Himmel Wolken auf und spätestens in den Abendstunden gießt es.

Das Wasser aus den Blättern verdunstet und hängt als Nebel über den Bäumen. Später steigt der Nebel immer höher und wird zu Wolken.

Endlose Graslandschaften

Südlich und nördlich der Regenwaldgebiete am Äquator schließen sich Savannen an. Hier regnet es deutlich weniger. In der Graslandschaft stehen nur wenige Bäume. Diese haben allerhand Tricks entwickelt, um die Trockenzeiten zu überstehen. Der Affenbrotbaum, auch Baobab genannt, kann in seinem dicken Stamm bis zu 20.000 Liter Wasser speichern. Die berühmteste Savanne ist die Serengeti in Ostafrika. Hier leben Zebras, Gnus, Antilopen, Giraffen, Elefanten und Löwen.

Affenbrotbäume haben sehr dicke Stämme, in denen sie Wasser speichern können.

Schneeberg in den Tropen

Schnee und tropisches Klima – das passt nicht zusammen, denkst du? Doch auf dem höchsten Berg Afrikas, dem Kilimandscharo, gibt es sogar Gletscher. Das liegt daran, dass mit zunehmender Höhe die Lufttemperatur abnimmt. Auf dem Gipfel des knapp 6000 Meter hohen Berges beträgt die Temperatur im Durchschnitt minus sechs Grad Celsius. Unter diesen Bedingungen kann es schneien und der Schnee kann liegen bleiben. Doch der Klimawandel macht auch vor dem Kilimandscharo nicht halt. Aufgrund der steigenden Temperaturen glauben Forscher, dass 2030 der letzte Gletscher auf dem Berg verschwunden sein wird.

Direkt an die Savanne schließt der schneebedeckte Kilimandscharo an.

Subtropen

Die Subtropen sind die Nachbarn der Tropen. Vielleicht warst du schon mal in Italien, Spanien oder Griechenland. Das Mittelmeergebiet gehört zur Klimazone der Subtropen und ist als Reiseziel sehr beliebt. Kein Wunder, denn hier gibt es viel Sonne und das Meer ist angenehm warm.

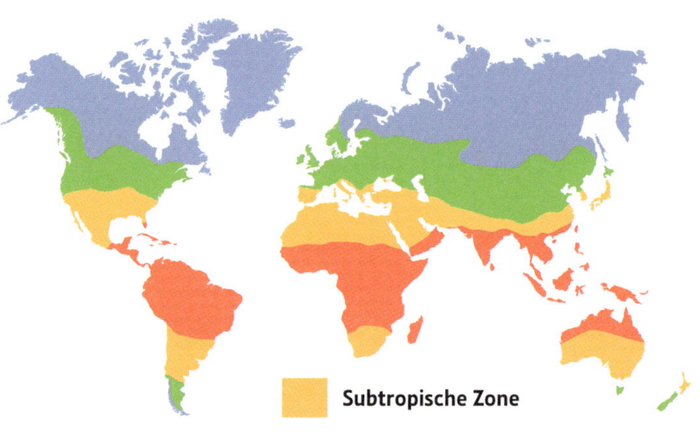

Warm und kühl im Wechsel

Die Subtropen schließen sich nördlich und südlich an die Tropen an. Aufgrund der Entfernung zum Äquator ist in diesen Gebieten die Sonneneinstrahlung im Jahresverlauf nicht immer gleich. Heiße Sommermonate und kühlere Wintermonate wechseln einander ab. Insgesamt liegt die Jahresdurchschnittstemperatur jedoch über 20 Grad Celsius. Frost ist auch im Winter selten. Die jährliche Regenmenge variiert in den verschiedenen subtropischen Gebieten.

Wüste

In Teilen der Subtropen regnet es so selten, dass hier nur wenige Pflanzen wachsen können. Zu diesen subtropischen Wüstengebieten zählt auch die Sahara im Norden Afrikas. Ursache für den Regenmangel sind die stabilen Hockdruckgebiete in dieser Region. Tag für Tag brennt die Sonne vom wolkenlosen Himmel herunter. Das Thermometer kann dabei in Bodennähe auf Temperaturen von über 55 Grad Celsius klettern. Nachts führt die fehlende Wolkendecke dazu, dass die Temperaturen auf bis zu 20 Grad Celsius absinken. Durchschnittlich fallen in der Sahara im Jahr 45 Liter Regen pro Quadratmeter. Das ist weniger als eine Zehntel der durchschnittlichen Regenmenge in Deutschland.

500 Millionen Tonnen Sand verbreiten sich jährlich aus der Sahara mit dem Wind rund um die Erde. Auch in Deutschland färbt regelmäßig Saharastaub den Himmel rot. Nach einem Regen sind dann die Autos von einer dicken Dreckschicht überzogen.

Fata Morgana

In vielen Geschichten von durstigen Wüstenwanderern finden sich Berichte von Wasserflächen und Oasen, die sich beim Näherkommen in Luft aufzulösen scheinen. Diese Luftspiegelungen entstehen an den Grenzen unterschiedlich warmer Luftschichten. Viele Kilometer weit entfernte Bäume und Gebäude können durch eine solche Fata Morgana zum Greifen nah erscheinen. Die vermeintlichen Wasserpfützen sind lediglich die Spiegelbilder des blauen Himmels.

Mittelmeerklima

In anderen Gegenden der Subtropen, wie dem Mittelmeergebiet, sind die Sommer heiß und trocken, im Winter fällt jedoch genügend Regen, sodass hier viele Pflanzen überleben können. Damit sie in den heißen Sommermonaten nicht zu viel Wasser verlieren, sind die meist kleineren Blätter der Bäume von einer Wachsschicht überzogen.

Gemäßigte Klimazone

Über das Wetter in der gemäßigten Klimazone hast du in diesem Buch schon viel gehört. Das liegt daran, weil Deutschland in dieser Klimazone liegt.

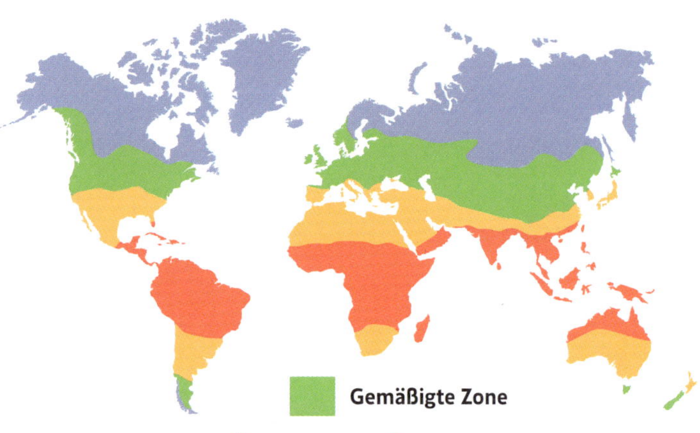

Westwind und Winterfrost

Die gemäßigten Klimazonen liegen zwischen den Subtropen in Richtung Äquator und der subpolaren Region in Richtung Nordpol beziehungsweise Südpol. Hier pustet der Wind meist aus dem Westen. Das Wetter ist durch einen ausgeprägten Wechsel zwischen den Jahreszeiten gekennzeichnet. Die Jahresdurchschnittstemperaturen liegen zwischen fünf und 15 Grad Celsius. Im Winter tritt regelmäßig Frost auf.

Startklar für den Winter

Die Vegetation in der gemäßigten Zone auf der Nordhalbkugel besteht in den weiter südlich gelegenen Teilen aus Laub- und Mischwäldern. Weiter nördlich kommen fast nur Nadelwälder vor. Wenn im Winter der Boden gefroren ist, können Bäume kein Wasser mehr mit den Wurzeln aufnehmen. Dann heißt es Wasser sparen. Die Laubbäume werfen daher im Herbst vorsorglich ihre Blätter ab, um die Verdunstung zu reduzieren. Nadelbäume haben das nicht nötig. Die Blätter der Nadelbäume haben eine deutlich kleinere Oberfläche und sind zudem von einer Wachsschicht überzogen, sodass weniger Wasser verdunstet.

Taiga

Die Nadelwälder in der gemäßigten Zone in Sibirien werden auch Taiga genannt. Sie sind die größten zusammenhängenden Urwälder auf unserer Erde.

Ungleiche Landverteilung

Während auf der Nordhalbkugel ganz Mittel- und Nordeuropa sowie große Teile Nordamerikas und Asiens zur gemäßigten Klimazone zählen, gibt es in der gemäßigten Klimazone auf der Südhalbkugel nur wenig Land. Lediglich die äußerste Spitze von Südamerika, Südafrika, die Südinsel von Neuseeland und die Südküste Australiens zählen dazu.

Mitten im Ozean

Auch Tasmanien vor der Südküste Australiens liegt in der gemäßigten Zone. Verglichen mit dem Wetter bei uns sind die Temperaturunterschiede zwischen Sommer und Winter aber weniger deutlich. Da Tasmanien eine Insel ist, herrscht hier Seeklima mit milderen Wintern und kühleren Sommern. Der stetige Westwind bringt das ganze Jahr so viel Regen, dass sich an der Westküste üppige Regenwälder entwickelt haben.

Saubere Brise

In Tasmanien gibt es die sauberste Luft auf der ganzen Welt. Aufgrund ihrer Lage im Meer gelangen zumindest bei Westwind kaum Industrieabgase bis zu der Insel. Bei Nordwind können die Forscher anhand der Messwerte genau sagen, welche Fabrik auf dem australischen Festland gerade in Betrieb ist.

Subpolarzonen und Polarzonen

Nördlich und südlich der gemäßigten Zonen schließen sich die Subpolar- und Polarzonen an. Die Subpolarzone liegt fast komplett auf der Nordhalbkugel. Ein Großteil der Landgebiete gehört zu Kanada, Russland und Alaska. Zu den Polarzonen werden im Süden die Antarktis und im Norden die Arktis gezählt.

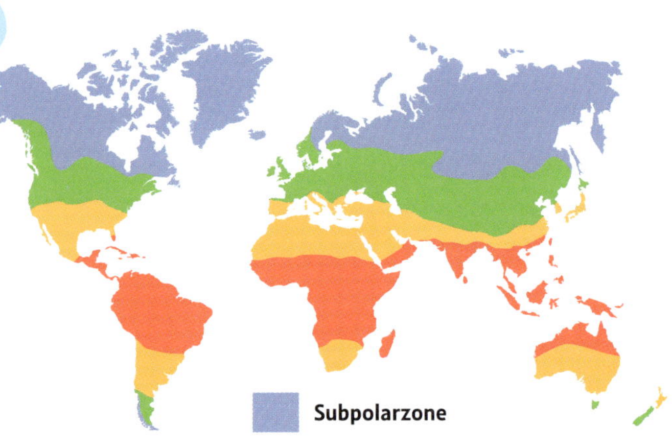

Kalt und trocken

Die Temperaturen in der Subpolarregion liegen im Jahresdurchschnitt unter dem Gefrierpunkt. Der wenige Niederschlag fällt fast ausschließlich im Sommer. Bäume können hier nicht mehr wachsen. Die Vegetation in der Subpolarregion wird Tundra genannt. Sie besteht aus kleinen Sträuchern, Gräsern, Moosen und Flechten.

Tiere aus der Vergangenheit

In großen Teilen der Subpolarregion ist der Boden das ganze Jahr über gefroren. In diesen Permafrostböden haben sich auch mumifizierte Kadaver von Tieren erhalten, die teilweise vor mehr als 20.000 Jahren gelebt haben. Immer wieder finden Menschen die Überreste von Mammuts oder Höhlenbären.

Ein halbes Jahr Tag, ein halbes Jahr Nacht

In den Polarregionen liegen die Temperaturen fast das gesamte Jahr unter dem Gefrierpunkt. Nur im Sommer werden manchmal Temperaturen über 0 Grad Celsius erreicht. Niederschläge gibt es kaum. Die Sonne geht in diesen Gebieten in den Sommermonaten an einigen Tagen überhaupt nicht unter. Am Nord- und Südpol dauern Tag und Nacht sogar jeweils ein halbes Jahr! Obwohl die Sonne hier sechs Monate ununterbrochen scheint, wird es nicht richtig warm. Die Sonne bleibt immer in der Nähe des Horizontes und hat deshalb nur wenig Kraft.

Kannst du dir vorstellen, dass es tagsüber genauso dunkel ist wie in der Nacht?

Kältewüsten

Große Teil der Erdoberfläche sind in den Polargebieten mit Eis bedeckt. In weiten Teilen der Arktis liegt unter dem Eis das Nordpolarmeer. Dagegen befindet sich unter dem Eis der Antarktis auf der Südhalbkugel der Kontinent Antarktika. Hier gibt es auch Gebiete, wo nicht dauerhaft Eis und Schnee liegt. Da hier kaum Pflanzen wachsen, werden sie als Kältewüsten bezeichnet.

Warum jagen Eisbären keine Pinguine? Ganz einfach: Eisbären kommen nur in der Arktis und Pinguine nur in der Antarktis vor. In der freien Natur begegnen sich diese beiden Tierarten also nie.

Klimawandel und Extremwetter

Den Begriff Klimawandel hast du bestimmt schon mal gehört. Viele Menschen machen sich Sorgen, dass sich derzeit die Temperatur auf der Erde zu stark erhöht. Mögliche Folgen sind Dürren, Starkregen und heftige Stürme. Doch warum ändert sich das Klima? Was hat der Mensch damit zu tun? Und was können wir tun, um den Klimawandel zu stoppen?

Nach einem Starkregen steht diese Stadt unter Wasser.

Zu hohe Temperaturen und zu wenig Regen haben dieses Gebiet ausgetrocknet, sodass hier keine Pflanzen mehr wachsen können.

Was ist Klimawandel?

Das Klima bleibt in einer bestimmten Gegend über Jahre und Jahrzehnte in der Regel konstant. Beispielsweise ist es bei uns in Deutschland im Sommer im Jahresdurchschnitt annähernd gleich warm und im Winter vergleichbar kalt. Auch die Regenmenge verändert sich nicht wesentlich. Nur bei der Betrachtung längerer Zeiträume lassen sich Klimaveränderungen feststellen. Diese Veränderungen nennen wir Klimawandel.

Heißzeiten und Eiszeiten

Schon seit Urzeiten wandelt sich das Klima. Vor knapp 100 Millionen Jahren, als die Dinosaurier auf der Erde lebten, war es durchschnittlich 25 Grad Celsius warm. Das sind über 10 Grad Celsius mehr als die weltweite Durchschnittstemperatur heute. Vor gerade einmal 20.000 Jahren bedeckten noch riesige Eismassen etwa ein Drittel der Landflächen. In solchen Eiszeiten war es durchschnittlich 6 Grad Celsius kälter als heute.

Verheerender Temperatursturz

Verändert sich das Klima nur langsam, haben Pflanzen und Tiere genug Zeit genug, sich an die neuen Bedingungen anzupassen. Plötzliche Klimaveränderungen können jedoch verheerende Folgen für die Natur haben. Vor 66 Millionen Jahren schlug ein riesiger Asteroid auf der Erde ein. Asche und Staubteilchen verdunkelten jahrelang den Himmel und hielten die Sonnenstrahlen ab. Innerhalb kurzer Zeit sank die Temperatur um mehr als 20 Grad Celsius. Die meisten Tiere überlebten diese Veränderungen nicht. Für die Dinosaurier bedeutete es das Ende, sie starben aus.

Aktueller Temperaturanstieg

Seit einigen Jahrzehnten steigt die Temperatur auf der Erde ungewöhnlich rasch an. Forscher haben herausgefunden, dass wir Menschen an diesem Klimawandel beteiligt sind. Wie der Klimawandel mit unserer Lebensweise zusammenhängt und welche Rolle dabei die Treibhausgase spielen, erfährst du auf den nächsten Seiten.

So ungefähr könnte der Asteroideneinschlag ausgesehen haben.

Gewaltige Aschewolken zogen am Himmel auf, sodass die Sonne nicht auf die Erde scheinen konnte.

Atmosphäre als erdumspannendes Treibhaus

Ohne die Atmosphäre würde der durch die Sonnenstrahlen erwärmte Erdboden die Wärme sofort wieder ins Weltall abstrahlen. Auf der Erde wäre es dann eisig kalt. Die Atmosphäre der Erde wirkt wie das Glas in einem Treibhaus: Die Sonnenstrahlen können durch das Glas weitgehend ungehindert hindurch. Die Wärme wird jedoch nur teilweise wieder herausgelassen. Wie viel Wärme die Atmosphäre zurückhält, hängt vom Anteil der Treibhausgase in der Luft ab. Das bekannteste Treibhausgas ist das Kohlenstoffdioxid. Je mehr Kohlenstoffdioxid in der Atmosphäre enthalten ist, desto wärmer wird es auf der Erde.

Warst du schon mal in einem Gewächshaus? Dort drin ist es viel wärmer als draußen.

Das meiste Kohlenstoffdioxid wird von Fabriken und dem Verkehr ausgestoßen.

Versuch zum Treibhauseffekt

Du kannst den Treibhauseffekt ganz einfach nachmachen. Fülle zwei Glasgefäße mit ein wenig Erde und stelle sie in die Sonne. Gib in jedes Glasgefäß einen Eiswürfel. Schließe ein Gefäß mit einer Glasplatte ab. Das andere Gefäß bleibt offen. Was denkst du, wird passieren? Nach einiger Zeit wirst du sehen, dass der Eiswürfel in dem verschlossenen Gefäß viel schneller schmilzt, weil es unter der Glasplatte deutlich wärmer wird.

Menschen als Produzenten von Kohlenstoffdioxid

In den letzten Jahrzehnten hat der Anteil von Kohlenstoffdioxid in der Luft deutlich zugenommen. Kohlenstoffdioxid entsteht unter anderem bei der Verbrennung von fossilen Brennstoffen. Wir Menschen nutzen tagtäglich Kohle, Erdöl und Erdgas. Unsere Autos fahren mit Benzin oder Diesel, das aus Erdöl gewonnen wird. Wir heizen unsere Wohnungen mit Erdgas oder Erdöl. Auch der Strom aus der Steckdose wird zum Teil in Kraftwerken gewonnen, die mit Kohle betrieben werden.

Kohlenstoffdioxid ist nicht das einzige Treibhausgas in unserer Atmosphäre. Methan hat sogar noch einen stärkeren Effekt. Dieses Gas entsteht beispielweise, wenn Kühe pupsen. Je mehr Milchprodukte und Fleisch wir Menschen essen wollen, desto mehr Kühe müssen gehalten werden. Und je mehr Kühe es gibt, desto mehr Methan gelangt in die Atmosphäre.

Klimaschützer Wald und Moor

Auch unser zunehmender Platzbedarf für Städte, Felder und Weideland heizt das Klima weiter an. Durch Abholzung verschwinden jedes Jahr mehr als 10 Millionen Hektar Wald von unserer Erde. Das entspricht etwa einem Drittel der Fläche Deutschlands. Bäume nehmen beim Wachstum Kohlenstoffdioxid aus der Luft auf und speichern es in Stämmen, Ästen und Blättern. Verschwindet der Wald, wird weniger Kohlenstoffdioxid aus der Luft entfernt. Auch Moore sind hervorragende Kohlenstoff-Speicher. Werden sie trockengelegt, gelangen riesige Mengen von Kohlenstoffdioxid in die Atmosphäre.

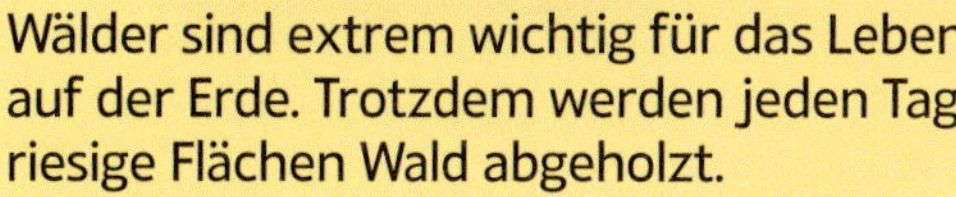

Wälder sind extrem wichtig für das Leben auf der Erde. Trotzdem werden jeden Tag riesige Flächen Wald abgeholzt.

Verstärker des Temperaturanstiegs

Wenn in der Antarktis und Arktis die Temperatur steigt, werden die Eisflächen kleiner. Vermutlich wird in einigen Jahren der Nordpol im Sommer komplett eisfrei sein. In der Antarktis brechen riesige Eisberge ab und schmelzen in dem immer wärmer werdenden Meerwasser. Das Verschwinden der weißen Eisfläche verstärkt den Temperaturanstieg auf der Erde zusätzlich. Weißes Eis reflektiert Sonnenlicht nämlich viel besser als dunkleres Meerwasser, wodurch sich Eisflächen weniger erwärmen. Forscher nennen dieses Phänomen Albedo-Effekt.

Stück für Stück brechen die riesigen Eisberge auseinander und schmelzen.

Experiment zum Albedo-Effekt

Bei kräftigem Sonnenschein kannst du den Albedo-Effekt ganz einfach nachmachen. Fülle zwei Gläser mit Eiswürfeln. Stelle das eine Glas auf eine schwarze Pappe und das andere auf eine weiße Pappe. Achte darauf, dass die Sonne auf beide Gläser gleichmäßig scheint. Jetzt gilt es abzuwarten. Nach einiger Zeit wirst du sehen, dass das Eis in dem Glas auf der schwarzen Pappe schneller schmilzt.

Extremwetter und Naturkatastrophen

Vielleicht fragst du dich, warum es schlimm ist, dass es auf unserer Erde immer wärmer wird. Wenn es schön warm ist, kann man doch viel besser draußen spielen, oder? Doch ein weltweiter Temperaturanstieg in der Atmosphäre hat schlimme Folgen. Durch die Eisschmelze in der Antarktis und Arktis steigt der Meeresspiegel. Auf der ganzen Welt werden küstennahe Gebiete überschwemmt. In anderen Gebieten der Erde wird weniger Regen fallen. Schon heute müssen viele Menschen durch Dürren in Afrika hungern. Auch die Anzahl der Extremwetterereignisse wird zunehmen. Immer häufiger werden Sturmfluten, Stürme und Starkregen das Land verwüsten.

Der steigende Meeresspiegel wird zum Problem für alle Menschen, die direkt an einer Küste leben.

Stürme, Starkregen und Hitzewellen hat es schon immer gegeben. Seit den 1990er-Jahren hat sich die Anzahl solcher Extremwetterereignisse jedoch verdoppelt. Forscher führen das auf den Klimawandel zurück.

In Afrika ist Wasser sehr knapp und reicht kaum zum Überleben. Durch den Wassermangel können zudem nicht ausreichend Pflanzen angebaut werden, was zu Hungersnot führt.

Verlorene Heimat

Im Pazifik und auch im Indischen Ozean gibt es viele Inseln, die nur wenige Zentimeter über dem Meer hinausragen. Bei steigenden Meeresspiegeln werden diese Inseln komplett überflutet. Hunderttausende Menschen werden daher wahrscheinlich in den kommenden Jahrzehnten ihre Heimat verlieren. Aber auch in Europa bedroht der steigenden Meeresspiegel viele Küsten. Rund die Hälfte der Niederlande liegt unter dem Meeresspiegel. Die Menschen schützen ihr Land durch Deiche vor Sturmfluten. Wenn der Meeresspiegel steigt, reichen diese Schutzmaßnahmen vermutlich nicht aus.

Deiche sind künstlich aufgeschüttete Erhöhungen. Du kennst sie vielleicht aus dem Nordsee-Urlaub.

Flutkatastrophe im Ahrtal

Wenn die Temperatur steigt, verdunstet mehr Wasser aus Seen und Flüssen. Dieses Wasser fällt als Regen wieder auf die Erde. Damit steigen in manchen Gegenden durch den Klimawandel die Niederschlagsmengen. Welche schlimmen Auswirkungen ein Starkregen haben kann, hat uns die Flutkatastrophe im Ahrtal im Juli 2021 gezeigt. Innerhalb kurzer Zeit stieg das Wasser des kleinen Flüsschens über die Ufer und riss Bäume, Häuser und Straßen mit sich. Mehr als 100 Menschen starben in den Fluten.

Die Flutkatastrophe 2021 hat große Zerstörungen im Ahrtal hinterlassen.

Der Hurrikan Katrina

Ob die Zahl der Tropischen Wirbelstürme durch den Klimawandel zunimmt, ist noch nicht eindeutig geklärt. Sicher ist jedoch, dass sie bei wärmeren Wassertemperaturen immer heftiger werden. Ende August 2005 traf der Hurrikan Katrina auf die Südostküste der USA. Am schwersten war die Gegend um New Orleans betroffen. Durch mehrere Deichbrüche wurden 80 Prozent des Stadtgebietes überschwemmt. Zeitweise stand das Wasser über sieben Meter hoch in den Straßen. Zehntausende Menschen wurden evakuiert. Dennoch starben über 1800 Menschen.

Vom Aussterben bedroht

Eisbären brauchen für die Jagd auf Robben gefrorene Eisflächen. Diese Eisflächen werden jedoch immer kleiner. Daher sind Eisbären durch den Klimawandel vom Aussterben bedroht.

Forscher schätzen, dass Eisbären bis 2100 ausgestorben sein werden.

Klimagewinner und Klimaverlierer

Der Klimawandel wirkt sich nicht nur auf die Menschen aus. Auch Pflanzen und Tiere sind betroffen. In Deutschland hatten insbesondere die Fichtenwälder mit den heißen und trockenen Sommern in den vergangenen Jahren zu kämpfen. Zu allem Überfluss lieben Borkenkäfer, die ihre Eier unter die Rinde der Bäume legen, warme Temperaturen, und konnten sich daher explosionsartig ausbreiten. Für viele Fichten bedeutete dies das Ende. In manchen Gegenden in Deutschland sind schon mehr als zwei Drittel der Fichtenwälder abgestorben.

Die hellen Fichten sind bereits abgestorben.

Gemeinsam gegen den Klimawandel

In den letzten 120 Jahren hat sich die Temperatur auf der Erde schon um etwa ein Grad Celsius erhöht. Wenn wir weiter so viele Treibhausgase in die Luft pusten, schätzen Wissenschaftler, dass es bis 2100 zwischen 1,5 und 5 Grad Celsius wärmer wird. Zur Begrenzung der Erwärmung muss der Ausstoß der Treibhausgase verringert werden. Das kann nur gelingen, wenn wir alle weniger Energie verbrauchen und nicht länger fossile Brennstoffe verbrennen. Windkraft- und Solaranlagen liefern Energie ohne Kohlenstoffdioxid in die Luft zu pusten.

Solaranlagen können mithilfe der Sonne Strom produzieren.

Was kann ich selbst tun?

Jeder von uns kann helfen, den Klimawandel zu verlangsamen. Vielleicht fährst du öfter mal mit dem Fahrrad zum Sport, anstatt dich von deinen Eltern mit dem Auto bringen zu lassen. Du kannst dir auch überlegen, wie viel Spielsachen und Kleidungsstücke du wirklich brauchst. Bei ihrer Herstellung entstehen nämlich ebenfalls Treibhausgase. Weniger Milch zu trinken und Fleisch zu essen ist auch eine gute Idee.

Fridays for Future

Viele junge Menschen glauben, dass die Politik zu wenig unternimmt, um den Klimawandel zu stoppen. Gemeinsam organisieren sie Demonstrationen, um die Welt wachzurütteln. Diese Demonstrationen finden meist freitags statt. Daher haben sie der Organisation den Namen „Fridays for Future" gegeben.

Mit ihrem „Skolstrejk för Klimatet" hat die Schwedin Greta Thunberg 2018 ganz allein begonnen, auf den Klimawandel aufmerksam zu machen. Daraus wurde eine weltweite Bewegung.

Wettertagebuch

Beobachtest du gerne das Wetter? Mit einem Wettertagebuch kannst du festhalten, wie das Wetter heute ist und wie es sich im Laufe des Jahres verändert.

Was du brauchst:

- Wettertagebuch downloaden und ausdrucken:
- bunte Stifte
- Thermometer

So geht es:

1. Trage jeden Tag morgens und nachmittags in die Tabelle ein, wie das Wetter ist.
2. Du kannst die Symbole mit den Buntstiften aufmalen.
3. Mit einem Thermometer kannst du die Temperatur ablesen.

Beobachtung:

Wie verändert sich das Wetter im Laufe eines Tages, einer Woche oder eines Monats? Wie war das Wetter zur gleichen Zeit im letzten Jahr?

Regen

DATUM	WETTER AM MORGEN	TEMPERATUR AM MORGEN	WETTER AM NACHMITTAG	TEMPERATUR AM NACHMITTAG
Montag, 6. März		10 Grad		6 Grad
Dienstag, 7. März		9 Grad		4 Grad
Mittwoch, 8. März		14 Grad		7 Grad

Glossar

Äquator: Gedachte Linie, die die Erde in eine Nord- und Südhalbkugel unterteilt

Antarktis: Gebiet um den Südpol

Arktis: Gebiet um den Nordpol

Atmosphäre: Lufthülle um die Erde, die aus verschiedenen Gasen besteht

Fossile Brennstoffe: aus abgestorbenen Pflanzen und Tieren entstandene Stoffe (Erdöl, Erdgas, Kohle), die wir Menschen als Energielieferant nutzen

Gletscher: große, durch Schneefall entstandene Eismasse

Grundwasserspeicher: große Ansammlungen von Wasser unter der Erdoberfläche

Horizont: Grenze zwischen Himmel und Erde

Hormone: Botenstoffe im Körper, die die Zellen im Körper steuern

Kadaver: toter Körper eines Tieres

Kohlenstoffdioxid: Gas in der Atmosphäre, das als Treibhausgas wirkt

Kondensation / kondensieren: Übergang eines Stoffes vom gasförmigen in den flüssigen Zustand

Kontinent: große zusammenhängende Landmasse (zum Beispiel Asien, Afrika, Europa)

Meteorologen: Forscher und Forscherinnen, die sich mit den Vorgängen in der Atmosphäre der Erde befassen

Meteorologie: Lehre von den Vorgängen in der Atmosphäre

Namenstag: Gedenktag der Heiligen in der Katholischen Kirche

Niederschlag: Sammelbegriff für Regen, Hagel, Graupel und Schnee

reflektieren: etwas zurückwerfen (zum Beispiel Licht, Wärme)

Planet: Himmelskörper, der um eine Sonne kreist. Die Erde, der Mars, der Neptun und der Jupiter sind Beispiele für Planeten.

Regenradar: Verfahren zum Nachweis von Regen und anderer Niederschläge durch Funkwellen

Thermometer: Gerät zum Messen der Temperatur

Schwerkraft: Kraft, mit der sich Massen gegenseitig anziehen. Je größer die Masse ist, desto stärker die Kraft. Die Schwerkraft der Erde wird auch Erdanziehungskraft genannt.

Sibirien: riesiges Gebiet in Nordasien

Treibhausgas: Gase in der Atmosphäre, die dafür sorgen, dass die von der Erde abgestrahlte Wärme nicht ins Weltall entweicht

Troposphäre: unterste Schicht der Atmosphäre

Vegetation: Pflanzenbewuchs in einem bestimmten Gebiet

Verdunstung: Übergang eines Stoffes vom flüssigen in den gasförmigen Zustand

Register

Bildnachweis

Mauritius images, Mittenwald: 48 o. l., 53 l., 67 u. r.

shutterstock.com: FamVeld 8 o., Photolinc 8 M., Yevhenii Chulovskyi 8 u., BlueRingMedia 10, greenaperture 11 o., Iakov Kalinin 11 u., ER_09 12 o., Yuganov Konstantin 12 M., Zwiebackesser 12 u., lessysebastian 13 l., zdenek_macat 13 r., Olga_Kuzmina 14 o., 26, Amir Bajric 14 M., 30, Vaclav Sebek 14 u., 21 o. M., Med Photo Studio 16 o., Siberian Art 16 u., grayjay 16 o., sumstock 18 o., Mo Photography Berlin 18 u. l., Evannovostro 18 u. r., Giviryak Sergey 20 o., Lucky-photographer 20 M., dwphotos 20 u., FJAH 21 o. M., Soru Epotok 21 o. r., Adrian Eugen Ciobaniuc 21 M., Randy Miramontez 21 u., BaLL LunLa 22 o., Berg Dmitry 22 u., TravnikovStudio 24, Pepermpron 25, Wirestock Creators 27 o., Artur Synenko 27 u., NickJulia 28, Nickeline 31 o., ARIMAG 31 u., NikolayTsyu 32 o., Nina Buday 32 M. o., Taiga 32 M. u., Serhii Yevdokymov 32 u., Tomsickova Tatyana 34, Designua 35 o., TarikVision 35 u. l., Mirelle 35 u. r., MartiniDry 36 o., mikhail 36 u., bokan 37 o., Paul Daniels 37 u., FamVeld 38 o., Grassmemo 38 M., Dmitry Lobanov 38 u., AlinaMD 39 o., Stephen Farhall 39 M. l., Cinematographer 39 M. r., Anna Jurkovska 39 u., SakSa 40 o., Zmrzlinar 40 M., Volodymyr Burdiak 40 u., Lasse Johansson 42 o., COULANGES 42 M., xpixel 42 u., Image Source Trading Ltd 43, Minerva Studio 52 u., LEE PIL YONG 44 o., Fran Tolic 44 M., S.Borisov 44 u. Dolores M. Harvey 47 o., MakroBetz 47 u., David Wingate 48 o. r., airn 48 u. l., irabel8 48 u. r., Stephen Barnes 49, Triff 52 o., Martin Haas 53 r., Alvov 54, Everett Collection 55 o., ProStockStudio 55 u., muratart 56 o., Netdrimeny 56 M. l., jennyt 56 M. r., COLOMBO NICOLA 56 u., Fedor Selivanov 57 o., Greens and Blues 57 u., Pakhnyushchy 58 o., Ph.artgraf 58 u., Adhivaswut 59 o., RussieseO 59 M., Mr.Prasit BOONMA 59 u., anmbph 60 (Cirrus), Paulius Beinaravicius 60 (Cirrostratus), LEON_PHOTOGRAPHY 60 (Cirrocumulus), Ninevija 60 (Altocumulus), Nachpapon Phantuvadee 60 (Altostratus), Piotr Velixar 61 (Stratus), kajeab_pongsiri 61 (Stratocumulus), Somyot Mali-ngam 61 (Nimbostratus), Svetlana Lukienko 61 (Cumulus), rafal.dlugosz 61 (Cumulonimbus), Evgeny Atamanenko 62 o., Me dia 62 M., Julia Sudnitskaya 62 u., Kuttelvaserova Stuchelova 63 o., malshkoff 63 u., michelmond 64 o., Andre Engelhardt 64 M., MVolodymyr 64 u., Rejdan 66, TR STOK 67 o., Kichigin 67 M., Delpixel 67 u. l., Olena Znak 68 o., avoferten 68 M. l., Savchenko Aleksandr 68 M. r., kritskaya 68 u., Guang Qi 69 o., Ilona Ignatova 69 u., New Africa 70 o., Jia Zain 70 M., Astrid Gast 70 u. l., cdstocks 70 u. r., Darkwisper S 71 o., krengkamon 71 M., jamestorm 71 u., Nikki Zalewski 72, S.Borisov 73, John D Sirlin 74, Menno van der Haven 75, christianpinillo 76, Unkas Photo 77 o., Benny Marty 77 M., Damsea 77 u., Pixel-Shot 78 o., metamorworks 78 u., aappp 80 o., Fineart1 80 u. l., Raoul Axinte 80 u. r., Dennis MacDonald 81 o., Andrey Burmakin 81 u., Seqoya 82 l., NadyGinzburg 82 r., Mykola Mazuryk 83 o., Ondrej Prosicky 83 u. l., DKeith 83 u. r., Wirestock Creators 84 o., Hlib Shabashnyi 84 M., Marques 84 u., Sidhe 86, 88 o., 90 o., 92 o., 94 o., UniS 87 o., Prystai87 M., sun ok 87 u., Teo Tarras 88 u. l., Al'fred 88 u. r., Oleg Znamenskiy 89 o., SVV Media 89 u. l., kavram 89 u. r., Maksim Safaniuk 90 u. l., Lukaspictures 90 u. r., Sined lunesarf 91 o., Pawel Kazmierczak 91 u. l., Guido Vermeulen-Perdaen 91 u. r., HelloRF Zcool 92 u. l., Yevhenii Chulovskyi 92 u. r., Atosan 93, Gregory A. Pozhvanov 94 u., Goinyk Production 95 o., Andrei Stepanov 95 M., Sergey Uryadnikov 95 u. (Eisbär), robert_s 95 u. (Erdkugel), Eric Isselee 95 u. (Pinguine), Maren Winter 96 o., Piyaset 96 u., Andrea Danti 97 o., stephen reich 97 u., Marina Lohrbach 98 o., Peter Gudella 98 M., muratart 98 u., Rich Carey 99 o., Tanya May 99 u., Bernhard Staehli 100, Aymankh2023 101 o., Riccardo Mayer 101 u., Daniela Baumann 102 o., SSKH-Pictures 102 u., lavizzara 103 o., FloridaStock 103 u. l., reisezielinfo 103 u. r., Sahara Prince 104 o. l., atsurkan 104 o. r., Liv Oeian 104 u., Doodles: Artsem Vysotski, Anna Frajtova, MMvector, matsabe, Raura7, Photos and vectors, ridhobadal, Kapreski, graphixmania, DragonTiger8, Macon, Nadzin